Relatos completos

José María Arguedas:
Relatos completos

El Libro de Bolsillo
Alianza Editorial
Madrid

®

Primera edición en «El Libro de Bolsillo»: 1983
Primera reedición en «El Libro de Bolsillo»: 1988

   Calle Milán, 38. 28043 Madrid; Teléf.: 200 00 45
   ISBN: 84-206-9957-8
   Depósito legal: M-25183-1988
   Papel fabricado por Sniace, S. A.
   Fotocomposición: Compobell, S. A., Murcia
   Impreso en Artes Gráficas Ibarra, S. A.
   Matilde Hernández, 31. 28019 Madrid
   Printed in Spain

Agua

A los comuneros y «lacayos» de la hacienda Viseca con quienes temblé de frío en los regadíos nocturnos y bailé en carnavales, borracho de alegría, al compás de la tinya y de la flauta.

A los comuneros de los cuatro ayllus de Puquio: K'ayau, Pichk'achuri, Chaupi y K'ollana. A los comuneros de San Juan, Ak'ola, Utek', Andamarca, Sondondo, Aucará, Chaviña y Larcay.

Cuando yo y Pantaleoncha llegamos a la plaza, los corredores estaban todavía desiertos, todas las puertas cerradas, las esquinas de Don Eustaquio y Don Ramón sin gente. El pueblo silencioso, rodeado de cerros inmensos, en esa hora fría de la mañana, parecía triste.

—San Juan se está muriendo —dijo el cornetero—. La plaza es corazón para el pueblo. Mira no más nuestra plaza, es peor que puna.

—Pero tu corneta va llamar gente.

—¡Mentira! Eso no es gente; en Lucanas sí hay gente, más que hormigas.

Nos dirigimos como todos los domingos al corredor de la cárcel.

El Varayok' había puesto ya la mesa para el repartidor del agua. Esa mesa amarilla era todo lo que existía en la plaza; abandonada en medio del corredor, solita, daba la idea de que los saqueadores de San Juan la habían dejado allí por inservible y pesada.

Los pilares que sostenían el techo de las casas estaban unos apuntalados con troncos, otros torcidos y próximos a caerse; sólo los pilares de piedra blanca permanecían rectos y enteros. Los poyos de los corredores, desmoronados por todas partes, derrumbados por trechos, con el blanqueo casi completamente borrado, daban pena.

—Agua, niño Ernesto. No hay pues agua. San Juan se va a morir porque Don Braulio hace dar agua a unos y a otros los odia.

Pero Don Braulio, dice, ha hecho común el agua quitándole a Don Sergio, a Doña Elisa, a Don Pedro.

—Mentira, niño, ahora todo el mes es de Don Braulio, los repartidores son asustadizos, le tiemblan a Don Braulio. Don Braulio es como zorro y como perro.

Llegamos a la puerta de la cárcel y nos sentamos en un extremo del corredor.

El sol débil de la mañana reverberaba en la calamina del caserío de Ventanilla, mina de plata abandonada hacía muchos años. En medio del cerro, en la cabecera de una larga lengua de pedregal blanco, el caserío de Ventanilla mostraba su puerta negra, hueca, abierta para siempre. Gran mina antes, ahora servía de casa de cita a los cholos enamorados. En los días calurosos, las vacas entraban a las habitaciones y dormían bajo su sombra. Por las noches, roncaban allí los chanchos cerriles.

Pantacha miró un rato el pedregal blanco de Ventanilla.

—Antes, cuando había minas, sanjuanes eran ricos. Ahora chacras no alcanzan para la gente.

—Chacra hay, Pantacha, agua falta. Pero mejor haz llorar a tu corneta para que venga gente.

El cholo se llevó el cuerno a la boca y empezó a tocar una tonada de la hierra.

En el silencio de la mañana la voz de la corneta sonó fuerte y alegre, se esparció por encima del pueblecito y lo animó. A medida que Pantacha tocaba, San Juan me parecía cada vez más un verdadero pueblo: esperaba que de un momento a otro aparecieran mak'tillos, pasñas [1] y comuneros por las cuatro esquinas de la plaza.

Alegremente el Sol llegó al tejado de las casitas del pueblo. Las copas altas de los sauces y de los eucaliptos se animaron; el blanqueo de la torre y de la fachada de la iglesia, reflejaron hacia la plaza una luz fuerte y hermosa.

El cielo azul hasta enternecer, las pocas nubes blancas que reposaban casi pegadas al filo de los cerros; los bosques grises de k'erus y k'antus que se tendían sobre los falderíos, el silencio de todas partes, la cara triste de Pantaleoncha, produjeron en mi ánimo una de esas penas dulces que frecuentemente se sienten bajo el cielo de la sierra.

—Otra tonada, Pantacha; para tu San Juan.

—Pobre llak'ta (pueblo).

Como todos los domingos, al oír la tocata del cholo, la gente empezó a llegar a la plaza. Primero vinieron los escoleros (escolares): Vitucha, José, Bernaco, Froilán, Ramoncha... Entraban por las esquinas, algunos por la puerta del coso. Al vernos en el corredor se lanzaban a carrera.

—¡Pantacha, mak'ta Pantacha!

—¡Niño Ernesto!

Todos nos rodearon; de sus caritas rebosaba la alegría; al oír tocar a Pantacha se regocijaban; en todos ellos se notaba el deseo de bailar la hierra.

La tonada del cornetero nos recordaba las fiestas grandes del año; la cosecha de maíz en las pampas de Utek' y de Yanas; el escarbe de papas en Tile. Papachacra, K'ollpapampa. La hierra de las vacas en las punas. Me parecía estar viendo el corral repleto de ganado; vacas allk'as, pillkas, moras; toros gritones y peleadores; vaquillas recién adornadas con sus crespones rojos en la frente y cintas en las orejas y en el lomo; parecía oír el griterío del ganado, los ajos roncos de los marcadores.

—¡Hierra! ¡Hierra!

---

1 *Mak'ta:* hombre joven. *Mak'tillo:* muchacho, diminutivo de mak'ta. *Pasña:* mujer joven.

Salté a la plaza, atacado de repente por la alegría.

—¡Mak'tillos, zapateo, mak'tillos!

—¡Yaque! ¡Yaque! [1].

Todos los escoleros empezamos a bailar en tropa.

Estábamos llenos de alegría pura, placentera, como ese sol hermoso que brillaba desde un cielo despejado.

Los pantalones rotos de muchos escoleros se sacudían como espantapájaros. Ramoncha, Froilán, cojeaban.

Pantaleón se entusiasmó al vernos bailar en su delante; poco a poco su corneta fue sonando con más aire, con más regocijo; al mismo tiempo el polvo que levantábamos del suelo aumentaba. A nuestra alegría ya no le bastó el baile, varios empezaron a cantar:

> ...*Kanrara, Kanrara,*
> *cerro grande y cruel,*
> *eres negro y molesto;*
> *te tenemos miedo,*
> *Kanrara, Kanrara.*

—Eso no. Toca «Utek'pampa». Pantacha.

Pedí ese canto porque le tenía cariño a la pampa de Utek', donde los k'erk'ales y la caña de maíz son más dulces que en ningún otro sitio.

> *Utek'pampa.*
> *Utek'pampita:*
> *tus perdices son de ojos amorosos,*
> *tus calandrias engañadoras cantan al robar,*
> *tus torcazas me enamoran*
> *Utek'pampa*
> *Utek'pampita.*

La corneta de Pantaleoncha y nuestro canto reunieron a la gente de San Juan. Todos los indios del pueblo nos rodearon. Algunos empezaron a repetir el huayno en voz baja. Muchas mujeres levantaron la voz y for-

---

1 Interjección de entusiasmo.

maron un coro. Al poco rato, la plaza de San Juan
estuvo de fiesta.

En las caras sucias y flacas de los comuneros se encendió la alegría, sus ojos amarillos chispearon de contento.

—¡Si hubiera traguito!

—Verdad. Cañazo no más falta.

Pantacha cambió de tonada; terminó de golpe
«Utek'pampa» y empezó a tocar el huayno de la cosecha.

—¡Cosecha! ¡Cosecha!

> *Taytakuna, mamakuna* [1]:
> *los picaflores reverberan en el aire,*
> *los toros están peleando en la pampa,*
> *las palomas dicen: ¡tinyay tinyay!*
> *porque hay alegría en sus pechitos.*
> *Taytakuna, mamakuna.*

* * *

—Sanjuankuna: están haciendo rabiar a Taytacha
Dios con el baile. Cuando la tierra está seca, no hay
baile. Hay que rezar a patrón San Juan para que mande
lluvia.

El tayta Vilkas resondró desde el extremo del corredor: acababa de llegar a la plaza y la alegría de los
comuneros le dio cólera.

El tayta Vilkas era un indio viejo, amiguero de los
mistis [2] principales. Vivía con su mujer en una cueva
grande, a dos leguas del pueblo. Don Braulio, el rico de
San Juan, dueño de la cueva, le daba terrenitos para que
sembrara papas y maíz.

A Don Vilkas le respetaban casi todos los comuneros. En los repartos de agua, en la distribución de car

---

1 *Tayta:* padre, señor; *mama:* madre, señora; *kuna:* forma el
plural; *cha:* el diminutivo.
2 Nombra a las personas de las clases dominantes, cualquiera que
sea su raza.

gos para las fiestas, siempre hablaba Don Vilkas. Su cara era seria, su voz medio ronca, y miraba con cierta autoridad en los ojos.

Los escoleros se asustaron al oír la voz de Don Vilkas; como avergonzados se reunieron junto a los pilares blancos y se quedaron callados. Los comuneros subieron al corredor; se sentaron en hilera sobre los poyos, sin decir nada. Casi todas las mujeres se fueron a los otros corredores, para conversar allí, lejos de Don Vilkas. Pantaleoncha puso su corneta sobre el empedrado.

—Don Vilkas es enemigo de nosotros. Mírale no más su cara; como de misti es, molestoso.

—Verdad, Pantacha. Don Vilkas no es cariñoso con los mak'tillos; su cara es como de toro pelador; así serio es.

Yo y el cornetero seguimos sentados en el filo del corredor. Ramoncha, Teófanes, Froilán, Jacinto y Bernaco, conversaban en voz baja, agachados junto al primer pilar del corredor; de rato en rato nos miraban.

—Seguro de Don Vilkas están hablando.

—Seguro.

Los comuneros charlaban en voz baja, como si tuvieran miedo de fastidiar a alguien. El viejo apoyó su hombro en la puerta de la escuela y se puso a mirar el cerro del frente.

El cielo se hizo más claro, las pocas nubes se elevaban al centro del espacio e iban poniéndose cada vez más blancas.

—A ver, rejonero —ordenó Don Vilkas.

—Yo estoy de rejón, tayta —contestó Felischa.

—Corre donde Don Córdova, pídele el rejón y mata a los chanchitos mostrencos. Hoy es domingo.

—Está bien, tayta.

Felischa tiró las puntas de su poncho sobre el hombro y se fue en busca del rejón.

—Si hay chancho de principal, mata no más —gritó Pantacha cuando el rejonero ya iba por el centro de la plaza.

—¡Yaque!

Volteamos la cara para mirar a Don Vilkas: estaba rabioso.

—¡Qué dices, tayta! —le habló Pantacha.

—¡Principal es respeto, mak'ta cornetero!

—Pero chancho de principal también orina en las calles y en la puerta de la iglesia.

Después de esto le dimos la espalda al viejo de Ork'otuna.

Pantacha levantó su corneta y empezó a tocar una tonada de las punas. De vez en cuando no más Pantacha se acordaba de sus tonadas de Wanakupampa. Por las noches en su choza, hacía llorar en su corneta la música de los comuneros que viven en las altas llanuras. En el silencio de la oscuridad esas tonadas llegaban a los oídos, como los vientos fríos que corretean en los pajonales; las mujercitas paraban de conversar y escuchaban calladas la música de las punas.

—Parece que estamos en nuestra estancia de K'oñani —decía también la mujer de Don Braulio.

Ahora, en la plaza del pueblo, desde el corredor lleno de gente, la corneta sonaba de otro modo: junto a la alegría del cielo, la música de las punas no entristecía, parecía más bien música de forastero.

—Pantacha toca bien puna estilo —dijo Don Vilkas.

—Es pues nacido en Wanaku. Los wanakupampas tocan su corneta en las mañanas y atardeciendo, para animar a las ovejas y a las llamas.

—Los wanakus son buenos comuneros.

Pantacha tocó largo rato.

Después puso el cuerno sobre sus rodillas y recorrió con la mirada las faldas de las montañas que rodean a San Juan. Ya no había pasto en los cerros; sólo los arbustos secos, pardos y sin hojas, daban a los falderíos cierto aire de vegetación y de monte.

—Así blanco está la chacrita de los pobres de Tile, de Saño y de todas partes. La rabia de Don Braulio es causante, taytacha [1] no hace nada, niño Ernesto.

—Verdad. El maíz de Don Braulio, de Don Antonio,

[1] Dios, Jesucristo: literalmente significa «Padrecito».

de Doña Juana está gordo, verdecito está, hasta barro
hay en su suelo. ¿Y de los comuneros? Seco, agacha-
dito, umpu (endeble); casi no se mueve ya ni con el
viento.

—¡Don Braulio es ladrón, niño!

—¿Don Braulio?

—Más todavía que el atok' (zorro).

Se hizo rabioso el hablar de Pantaleón.

Algunos escoleros que estaban cerca oyeron nuestra
conversación. Bernaco se vino junto a nosotros.

—¿Don Braulio es ladrón, Pantacha? —preguntó,
medio asustado.

Ramoncha, el chistoso, se paró frente al cornetero
mostrándonos su barriga de tambor.

—¿Robando le han encontrado? —preguntó.

Los dos estaban miedosos; disimuladamente le miraban al viejo Vilkas.

—¿Dónde hace plata Don Braulio? De los comuneros pues les saca, se roba el agua; se lleva de frente, de
hombre, los animales de los «endios». Don Braulio es
hambriento como galgo.

Bernaco se sentó a mi lado y me dijo al oído:

—Este Pantacha ha regresado molestoso de la costa.
Dice todos los principales son ladrones.

—Seguro es cierto, Bernaco. Pantacha sabe.

Al ver a Bankucha y Bernaco sentados junto al cornetero, todos los mak'tillos se reunieron poco a poco
en nuestro sitio.

Pantacha nos miró uno a uno; en sus ojos alumbraba
el cariño.

—¡Mak'tillos! ¡Mak'tillos!

Levantó su corneta y comenzó a tocar el huayno que
cantaban los sanjuanes en el escarbe de la acequia
grande de K'ocha.

En los ojos de los cholillos se notaba el enterneci-
miento que sentían por Pantaleón; le miraban como a
hermano grande, como al dueño del corazón de todos
los escoleros del pueblo.

—Por Pantaleoncha yo me haría destripar con el ba-
rroso de Doña Juana. ¿Y tú, niño Ernesto?

—Tú eres maula, Ramón; tú llorarías no más como becerro encorralado.

—¡Jajayllas! [1].

Al ver la risa en su cara de sapo panzudo, todos los escoleros, olvidándose del viejo, llenamos el corredor a carcajadas.

Ramoncha daba vueltas, sobre un talón, agarrándose su barriga de hombre viejo.

—¡Ramoncha! ¡Wiksa!

Sólo el viejo no se reía; su cara seguía agestada, como si en el corredor apestase un perro muerto.

* * *

Los comuneros de Tinki se anunciaron desde la cumbre del tayta Kanrara. Parados sobre una piedra que miraba al pueblo desde el abra, gritaron los tinkis imitando el relincho del potro.

—¡Tinkikuna! ¡Tinkikuna!

Corearon los escoleros. Todos los indios se levantaron del poyo y se acercaron al filo del corredor para hacerse ver con los tinkis.

—Tinki es bien común —dijo Pantaleón.

Sopló el cuerno con todas sus fuerzas para que oyeran los comuneros, desde el Kanrara.

—Hasta Puquio habrá llegado eso —dijo Ramoncha, haciéndose el asustadizo.

—Seguro hasta Nazca se habrá oído —y me reí.

Los tinkis saltaron de la piedra al camino y empezaron a bajar el cerro al galope. Por ratos, se paraban sobre las piedras más grandes y le gritaban al pueblo. Las quebradas de Viseca y Ak'ola contestaban desde lejos el relincho de los comuneros.

—Viseca grita más fuerte.

—¡Claro pues! Viseca es quebrada padre; el tayta Chitulla es su patrón; de Ak'ola es Kanrara no más.

—¿Kanrara? Tayta Kanrara le gana a Chitulla, más rabioso es.

1 Interjección de burla, de orgullo.

—Verdad. Punta es su cabeza, como rejón de Don Córdova.

—¿Y Chitulla? A su barriga seguro entran cuatro Kanraras.

Los indios miraban a uno y otro cerro, los comparaban, serios, como si estuvieran viendo a dos hombres.

Las dos montañas están una frente a otra, separadas por el río Viseca. El riachuelo Ak'ola quiebra al Kanrara por un costado, por el otro se levanta casi de repente después de una lomada larga y baja. Mirado de lejos, el tayta Kanrara tiene una expresión molesta.

—Al río Viseca le resondra para que no cante fuerte —dicen los comuneros de San Juan.

Chitulla es un cerro ancho y elevado, sus faldas suaves están cubiertas de tayales y espinos; a distancia se le ve negro, como una hinchazón de la cordillera. Su aspecto no es imponente, parece más bien tranquilo.

Los indios sanjuanes dicen que los dos cerros son rivales y que, en las noches oscuras, bajan hasta la ribera del Viseca y se hondean ahí, de orilla a orilla.

* * *

Los tinkis entraron por la esquina de la iglesia. Venían solos, sin sus mujeres. Avanzaron por el medio de la plaza, hacia el corredor de la escuela. Eran como cien; todos vestidos de cordellate azul, sus sombreros blancos y grandes y sus ojotas lanudas, se movían acompasadamente.

—¡Tinkis, de verdad comuneros! —dijo el cornetero.

Don Vilkas despreciaba a los tinkis; al verlos en la plaza, levantó su cabeza, jactancioso, pero los siguió con la mirada hasta que llegaron al corredor; les tenía miedo, porque eran unidos y porque su Varayok', cabo licenciado, no respetaba mucho a los mistis.

Don Wallpa, Varayok' de los tinkis, subió primero las gradas.

—Buenos días, taytakuna, mamakuna —saludó.

Se acercó a Don Vilkas y le dio la mano; después vino donde el cornetero, los dos se abrazaron.

—¡Don Wallpa, taytay!
—¡Mak'ta Pantacha!
—De tiempo has regresado de la costa.
—Seis meses, tayta.

Los otros tinkis hicieron lo mismo que Don Wallpa; saludaron a todos, le dieron la mano a Don Vilkas y abrazaron a Pantaleón.

Al poco rato los escoleros y el músico nos vimos rodeados de los tinkis. Yo miré una a una las caras de los comuneros: todos eran feos, sus ojos eran amarillosos, su piel sucia y quemada por el frío, el cabello largo y sudoso; casi todos estaban rotosos, sus lok'os (sombreros) dejaban ver los pelos de la coronilla y las ojotas de la mayoría estaban huecas por la planta, sólo el correaje y los ribetes eran lanudos. Pero tenían mejor expresión que los sanjuanes, no parecían muy abatidos, conversaban en voz alta con Pantaleón y se reían.

Los escoleros se fueron, uno por uno, de nuestro grupo; varios se subieron a los pilares blancos; otros empezaron a jugar en la plaza. En medio de los tinkis más que nunca me gustó la plaza, la torrecita blanca, el eucalipto grande del pueblo. Sentí que mi cariño por los comuneros se adentraba más en mi vida, me parecía que yo también era tinki, que tenía corazón de comunero, que había vivido siempre en la puna, sobre las pampas de ischu [1].

—Bernaco, ¿te gustaría ser tinki?
—¡Claro! Tinki es hombre.

Pantaleón también parecía satisfecho conversando con los tinkis, sus ojos estaban alegres. Primero habló de Nazca; de los carros, de las tiendas, y después de los patrones, abusivos como en todas partes.

—¿No ves? De otro modo ha regresado el Pantacha, está rabioso para los platudos —me dijo a la oreja el dansak' (bailarín) Bernaco.

—¿Acaso? En la costa también, al agua se agarran los principales no más; los arrendatarios lucaninos, wollhuinos, nazqueños, al último ya riegan, junto con los

1   Paja dura de las regiones altas.

que tienen dos, tres chacritas; como de caridad le dan
un poquito, y sus terrenos están con sed de año en año.
Pero principales de Nazca son más platudos; uno solo
puede comprar a San Juan con todos sus maizales, sus
alfalfares y su ganado. Casi gringos no más son todos,
carajeros, como a Taytacha de iglesia se hacen respetar
con sus peones.

—Verdad. Así son nazcas —dijo el Varayok' Wallpa.

—Como en todas partes en Nazca también los principales abusan de los jornaleros —siguió Pantaleoncha—. Se roban de hombre el trabajo de los comuneros
que van de los pueblos: San Juan, Chipau, Santiago,
Wallawa. Seis, ocho meses, le amarran en las haciendas,
le retienen sus jornales; temblando con terciana le me-
ten en los cañaverales, a los algodonales. Después le
tiran dos, tres soles a la cara, como gran cosa. ¿Acaso?
Ni para remedio alcanza la plata que dan los principales. De regreso, en Galeras-pampa, en Tullukata, en
todo el camino se derrama la gente; como criaturitas,
tiritando, se mueren los andamarkas, los chillek'es, los
sondondinos. Ahí nomás se quedan, con un montón de
piedra sobre la barriga. ¿Qué dicen sanjuankunas?

—¡Carago! ¡Mistis son como tigre!

—¡Comuneros son para morir como perro!

Sanjuanes y tinkis se malograron. Rabiosos, se miraban unos a otros, como preguntándose. Los ojos de
Pantacha tenían el mirar con que en el wak'tay [1] hacían
asustar a todos los indios badulaques de San Juan; brillaban de otra manera.

Todos los comuneros se reunieron junto a la puerta
de la cárcel para oír a Pantaleoncha; eran como doscientos. Don Vilkas y Don Inocencio conversaban en
otro lado; el viejo se hacía el disimulado; pero estaba
allí para oír; y contárselo después todo al principal.

El cornetero subió al poyo del corredor; les miró en
los ojos a todos los comuneros, estaban como asustados.

—Pero comunkuna somos tanto, tanto; principales

---

1 Lucha a zurriago entre solteros en carnavales.

dos, tres no más hay. En otra parte, dicen, comuneros
se han alzado; de afuera a dentro, como a gatos no más,
los han apretado a los platudos. ¿Qué dicen comunkuna?

Los sanjuanes se pusieron asustadizos, los tinkis
también. Pantacha hablaba de alzamiento, ellos tenían
miedo a eso, acordándose de los chaviñas. Los chaviñas
botaron ocho leguas de cercos que don Pedro mandó
hacer en tierras de la comunidad; lo corretearon a Don
Pedro para matarlo. Pero después vinieron soldados a
Chaviña y abalearon a los comuneros con sus viejos y
sus criaturas; algunos que se fueron a las alturas no más
escaparon. Eran como mujer los sanjuanes, le temían al
alzamiento.

Nunca en la plaza de San Juan, un comunero había
hablado contra los principales. Los domingos se reunían en el corredor de la cárcel, pedían agua llori-
queando y después se regresaban; si no conseguían
turno, se iban con todo el amargo en el corazón, pensando que sus maizalitos se secarían de una vez en esa
semana. Pero este domingo Pantacha gimoteaba fuerte
contra los mistis, delante de Don Vilkas resondraba a
los principales.

—¡Principales para robar no más son, para reunir
plata, haciendo llorar a gente grande como a criaturitas!
¡Vamos matar a principales como a puma ladrón!

Al principio Don Vilkas disimuló, junto con Don
Inocencio; pero al último, oyendo a Pantacha hablar de
los mistis sanjuanes, se vino apurando donde los comuneros, miró rabioso al cornetero y gritó con voz de
perro grande:

—¡Pantacha! ¡Silencio! ¡Principal es respeto!

Su hablar rabioso asustó a los sanjuanes. Pero el
mak'ta levantó más la cabeza.

—¡Taytay, como novillo viejo eres, ya no sirves!

Don Vilkas empezó a empujar a los indios para llegar
hasta donde estaba el Pantacha.

—¡Carago, allk'o! (perro) —gritó.

Don Inocencio le rogó, jalándole el poncho:

—Dejay, Don Vilkas; Pantacha es hablador no más.

—Te voy a faltar, tayta —le gritó el cornetero.

Al oír la amenaza de Pantaleón, Don Inocencio sujetó al viejo.

—No enrabies don Vilkas, ¡por gusto!

Oyendo la bulla, algunos comuneros y las mujeres que estaban en los otros corredores, se vinieron junto a la puerta de la cárcel, para ver la pelea.

Hombres y mujeres hablaban fuerte.

—¡Viejo es respeto! —decía la mayor parte de las mujercitas.

—¿Manchu? Don Vilkas es abusivo. ¿Acaso? «Endio» no más es, igual a sanjuanes —gritó, desafiando, Don Wallpa, Varayok' de Tinki, viejo como Don Vilkas.

—¡Wallpa! ¡Maula Wallpa!

Don Vilkas se paró, desafiante, mirando de frente al Varayok' de Tinki.

—Si quieres, solo a solo, como toros en la plaza —habló Don Wallpa.

—Anda, tayta, cajéalo en la barriga —le dijeron los tinkis a su autoridad.

Don Wallpa se quitó el poncho, lo tiró sobre sus comuneros y saltó a la plaza. Se cuadró allí como toro padrillo.

—¡Yaque, Don Vilkas!

Le llamó con la mano.

Pero las mujercitas sujetaron al viejo. Si no, el Varayok' le hubiera hecho gritar como a gallo cabestro.

Pantacha se rió fuerte, mirando a Don Vilkas.

—¡Jajayllas!

Se puso el cuerno a la boca y tocó el huayno chistoso de los wanakupampas:

> *Akakllo de los pedregales,*
> *bullero pajarito de las peñas;*
> *no me engañes, akakllo.*
> *Akakllo pretencioso,*
> *misti ingeniero, te dicen*
> *¡Jajayllas akakllo!*
> *muéstrame tu barreno*

¡jajayllas akakllo!
muéstrame tus papeles.

El viejo Vilkas se enrabió de veras, botó a las mujeres que le atajaban y salió a la plaza; pero no fue a pelear con Don Wallpa, ni resondró a Pantacha, siguió de frente, hacia la esquina de Don Eustaquio. Casi del centro de la plaza volteó la cabeza para mirar a los comuneros, y gritó:

—¡Verás con Don Braulio!

—¡Jajayllas novillo! —le contestó el Varayok'.

El viejo llegó casi corriendo a la esquina de Don Eustaquio, y torció después a la calle de Don Braulio, principal de San Juan.

Don Wallpa subió otra vez al corredor.

—¡Maula! Para lamer a Don Braulio no más sirve —habló el Varayok'.

Pero los sanjuanes ya estaban miedosos; se separaron de los tinkis y se fueron con Don Inocencio a otro corredor.

—Sanjuanes son como Don Vilkas: ¡maulas! —le dije al dansak' Bernaco.

—Con las balitas que Don Braulio echa por las noches en las esquinas, están amujerados.

—Vamos a ver qué dice el sacristán.

Disimulando, nos acercamos al corredor de los sanjuanes. El sacristán estaba asustado, a cada rato miraba la esquina de Don Eustaquio.

Los sanjuanes conversaban, miedosos; como queriendo ocultarse unos tras de otros, se juntaban alrededor del sacristán Inocencio, pidiendo consejo.

—¡Sanjuankuna! —habló Don Inocencio—. Don Braulio tiene harta plata, todos los cerros, las pampas, son de él. Si entra nuestra vaquita en su potrero, la seca de hambre en su corral; a nosotros también nos latiguea, si quiere. Vamos defender más bien a Don Braulio, Pantacha es cornetero no más, no vale.

—¡Sigoro!

—No sirve contra Don Braulio.

Los sanjuanes eran como gallo forastero, como viz-

cacha de la puna; cuando el principal gritaba, cuando
ajeaba fuerte y reventaba su balita en la plaza, los sanjuanes no habían, por todas partes escapaban como
chanchos cerriles.

Los comuneros estaban separados ahora en dos bandos: los sanjuanes con Don Inocencio y los tinkis con
Pantaleón y Don Wallpa. Los sanjuanes eran más.

Los tinkis hablaban en la puerta de la cárcel, formando grupo.

—Vamos a contarle a Pantacha lo que ha dicho Don
Inocencio —dije.

—Vamos.

Nos encaminamos con Bernaco hacia el corredor de
la cárcel.

Cuando estuvimos atravesando la esquina salió a la
plaza, por la puerta del coso, Don Pascual, repartidor
de semana.

—¡Don Pascual! —gritó Bernaco.

—¡Don Pascual!

Todos los indios hablaron alto el nombre del repartidor.

Pantacha le hizo seña con la corneta a Don Pascual.
El semanero se fue derecho al corredor de los tinkis.

Los sanjuanes corrieron otra vez hacia el corredor de
la cárcel, para hablar con el semanero; dejaron solo al
sacristán.

Los comuneros de todo el distrito se apretaron rodeando a Don Pascual.

—¡Sanjuankuna, ayalaykuna, tinkikuna! —oí la voz
de Pantaleoncha—; Don Pascual va a dar k'ocha [1] agua
a necesitados. Seguro Don Braulio rabia; pero Don
Pascual es primero. ¿Qué dicen?

De un rato, Pascual subió al poyo.

—Con músico Pantacha hemos entendido. Esta se-
mana k'ocha agua va a llevar Don Anto, la viuda Juana,
Don Jesús, Don Patricio... Don Braulio seguro carajea.
Pero una vez siquiera, pobre va agarrar agua una se-

---

1 Estanque, laguna.

mana. Principales tienen plata, pobre necesita más sus
papalitos, sus maizalitos... Tayta Inti (sol) le hace correr a la lluvia; k'ocha agua no más ya hay para regar:
k'ocha va a llenar esta vez para comuneros.

El hablar de Don Pascual no era rabioso como el de
Pantacha; parecía más bien humilde, rogaba para que
los comuneros se levantasen contra Don Braulio.

—¡Está bien Don Pascual!
—¡Está bien!

Contestaron primero los tinkis.

—Don Pascual, reparte según tu conciencia.

Don Sak'sa de Ailay, habló primero por los sanjuanes.

—¡Según tu conciencia, tayta!
—¡Según tu conciencia!

—Don Braulio abusa de comuneros. Comunidad
vamos hacernos respetar. ¡Para «endios» va a ser k'ocha
agua!

Los sanjuanes no se asustaban con el hablar de Don
Pascual; le miraban tranquilos, parecían carneros mirando a su dueño.

—¡No hay miedo, sanjuankuna! —gritó el mak'ta
Pantacha—. A mujer no más le asusta el revólver de
Don Braulio.

—Seguro Don Braulio carajea. ¿Acaso? Vamos esperar; aquí en su delante voy a dar agua a comuneros.

Los mak'tas se miraron, consultándose. Recién entendían por qué Pantacha, Don Wallpa, Don Pascual,
se levantaban contra el principal, contra Don Vilkas y
Don Inocencio.

—Verdad, compadre; en nuestro pueblo, dos, tres
mistis no más hay; nosotros, tantos, tantos... Ellos igual
a comuneros gentes son, con ojos, bocas, barriga,
¡k'ocha agua para comuneros!

—¿Acaso? Mama-allpa (madre tierra) bota agua,
igual para todos.

Los sanjuanes también se hicieron los decididos. De
tres en tres, de cuatro en cuatro, se juntaron los comuneros. Pantacha y Don Pascual, uno a uno les hablaban, para hacer respetar al repartidor.

La comunidad de San Juan estaba para pelear con el principal del pueblo, Braulio Félix.

* * *

Los domingos en la mañana los mistis iban a buscar a Don Braulio en su casa. Le esperaban en el patio, dos, tres horas, hasta que el principal se levantaba. Junto a una pared había varios troncos viejos de eucalipto; sentados sobre esos palos se soleaban los mistis mientras Don Braulio acababa de dormir. El principal no tenía hora para levantarse; a veces salía de su cuarto a las siete, otras veces a las nueve y a las diez también; por eso los mistis se iban a visitarle según su alma; unos eran más pegajosos, más sucios, y tempranito estaban ya en el patio para hacerse ver por los sirvientes de Don Braulio; otros, de miedo no más iban, para que el principal no les tomase a mal; llegaban más tarde, cuando el sol ya estaba alto; otros calculaban la hora en que Don Braulio iba a salir para convidar el trago a los sanjuanes, por borrachos no más cortejaban al principal.

Los domingos, Don Braulio se desayunaba con aguardiente en la tienda de Don Heraclio: la tiendecita de Don Heraclio está en la misma calle del principal. Como loco, Don Braulio hacía tomar cañazo a uno y a otro, se reía de los mistis sanjuanes, les hacía emborrachar y les mandaba cantar huaynos sucios. Hasta media calle salía Don Braulio, riéndose a gritos:

—¡Buena, Don Cayetano! ¡Don Federico, buena!

Los mistis borrachos se sacaban el pantalón; se peleaban; golpeaban por gusto sus cabezas sobre el mostrador.

Al mediodía, Don Braulio iba al corredor de la cárcel para la repartición del agua: los mistis le seguían. De vez en vez, el principal se mareaba mucho y no se acordaba del reparto. Entonces Don Inocencio, sacristán de la iglesia, hacía tocar la campana a las dos o tres de la tarde; al oír la campana, Don Braulio, según su humor, se quedaba callado, o si no, saltaba a la calle y echando ajos iba al corredor de la cárcel. Fusteaba a

cualquiera, encerraba en la cárcel a dos o tres comuneros y reventaba a tiros en el corredor. Todos los mistis
y los indios escapaban de la plaza; los borrachos se
arrastraban a los rincones. El corredor quedaba en silencio; Don Braulio hacía retumbar la plaza con su risa
y después se iba a dormir. Don Braulio era como dueño
de San Juan.

Seguro este domingo el principal estaba mareado, y
por eso no venía. Don Vilkas, Don Inocencio, de
miedo se habrían quedado en la puerta de la tienda,
esperando la voluntad del principal.

* * *

Ya era tarde. El tayta Inti [1] quemaba al mundo. Las
piedras de la mina Ventanilla brillaban como espejitos;
las lomas, los falderíos, las quebradas se achicharraban
con el calor. Parecía que el Sol estaba quemando el
corazón de los cerros; que estaba secando para siempre
los ojos de la tierra. A ratos se morían los k'erk'ales y
las retamas de los montes, se agachaban humildes los
grandes molles y los sauces cabezones de las acequias.
Los pajaritos del cementerio [2] se callaron, los comuneros también, de tanto hablar, se quedaron dormidos.
Pantacha, Pascual, Don Wallpa, veían, serios, el camino a Puquio, que culebreaba sobre el lomo del cerro
de Ventanilla.

El tayta Inti quería, seguro, la muerte de la tierra,
miraba de frente, con todas sus fuerzas. Su rabia hacía
arder al mundo y hacía llorar a los hombres.

El blanqueo de la torre y de la iglesia reventaba en
luz blanca. La plaza era como horno, y en su centro, el
eucalipto grande del pueblo aguantaba el calor sin moverse, sin hacer bulla. No había ya ni aire; parado estaba todo, aplastado, amarillo.

El cielo se reía desde lo alto, azul como el ojo de las
niñas, parecía gozoso mirando los falderíos terrosos, la

1 El Sol.
2 Huerta, que en muchas aldeas de la sierra rodea a la iglesia.

cabeza pelada de las montañas, la arena de los riachuelos resecos. Su alegría chocaba con nuestros ojos, llegaba a nuestro adentro como risa de enemigo.

—¡Tayta Inti, ya no sirves! —habló Don Sak'sa, de
Ayalay. En todo el corredor se oyó su voz de viejo,
triste, cansada por el Inti rabioso.

—¡Ayarachicha! ¡Ayarachi! [1].

Pantacha se paró en el canto del corredor, mirando
ojo a ojo al Inti tayta; y sopló bien fuerte la corneta de
los wanakupampas. Ahora sí, la tonada entraba en el
ánimo de los comuneros, como si fuera el hablar de sus
sufrimientos. Desde la plaza caldeada, en esa quebrada
ardiendo, el ayarachi subía al cielo, se iba lejos, lamiendo los k'erk'ales y los montes resecos, llevándose a
todas partes el amargo de los comuneros malogrados
por el Inti rabioso y por el principal maldecido.

—Pantaleón ruega a Taytacha Dios para que le re-
sondre al Inti.

De repente, Don Braulio entró a la plaza. Los mistis
sanjuanes venían en tropa, junto al principal.

Vicenticha, hijo del sacristán, corrió a la torre, para
tocar la campana grande. Comuneros y mujeres se pararon en todos los corredores. Como si hubiera entrado
un toro bravo a la plaza, de todas partes, la gente corrió
a la puerta de la cárcel; parecían hambrientos.

—¡Sanjuankuna, pobrecitos! —habló Don Sak'sa.

Don Wallpa, Pascual, Pantacha, se reunieron.

—Rato se ha esperado Don Vilkas, sentado como
perro en la puerta de Don Heraclio.

—Don Inocencio también.

—Principal cuando toma, no hace caso.

Los tinkis se juntaron alrededor de Don Wallpa; los
sanjuanes, callados, sin llamarse, se entroparon en otro
lado.

—No hay confianza; comuneros no van parar bien
—dijo Pantacha, mirando a la gente separarse en dos
bandos.

1 Música fúnebre.

—¡Comunkuna! —gritó—, ¡q'ocha agua para endios!

Voltearon la cabeza los sanjuanes para mirar al mak'ta; no había hombría en sus ojos; como carnero triste eran todos; los tinkis tampoco parecían muy seguros.

—Don Pascual, firme vas a parar contra el principal; seguro carajea.

—¿Acaso? como tayta Kanrara voy a parar: Don Anto, Don Jesús, Don Patricio, Don Roso...

La campana del pueblo sonó fuerte. Ahora la plaza parecía de fiesta. Bulla en todas partes, sol blanco, cielo limpio, campanas; sólo el ánimo no era para alegría, los comuneros miraban la tropa de los mistis, recelando.

Don Pascual, Wallpa y Pantaleón se pararon a un costado de la mesa, mirando la esquina de Don Eustaquio; los sanjuanes en el lado de la cárcel, sus mujeres tras de ellos y los tinkis junto a la puerta de la escuela; los escoleros trepados en los pilares de piedra blanca.

Don Braulio ya estaba chispo; venía pateando las piedrecitas del suelo; su pañuelo del cuello con el nudo junto al cogote; y el sombrero puesto a la pedrada. Tenía las manos en los bolsillos del pantalón y la hebilla de su cinturón brillaba; a un lado se veía la funda del revólver. Rojo, como pavo nazqueño, venía apurado, para despachar pronto. Los otros principales, seguro estaban borrachos; Don Cayetano Rosas andaba tambaleándose.

En medio de la plaza, junto al eucalipto, Don Cayetano gritó:

—¡Que viva Don Braulio!

—¡Que viva! —le contestaron todos; Don Braulio también.

Al último, ocultándose, venían Don Inocencio, sacristán del pueblo, y Don Vilkas.

Junto a mi pilar estaba el dansak' Bernaco.

—Estoy asustadizo, capaz hay pelea, niño Ernesto —dijo.

—Seguro hay pelea, Bernaco; Pascual y Pantacha están molestos.

—Pero Pantacha está valiente.

—Mírale a don Braulio. Seguro hay pelea. Capaz Don Braulio ha traído su revolvercito.

—¡No digas, niño Ernesto! Don Braulio revolvea no más, es como loco.

Don Braulio subió las gradas del corredor.

—¡Buenos días, taytay! —saludaron todos los comuneros al principal del pueblo.

—Buenos días —contestó don Braulio. Derecho se fue junto a la mesa; se paró con la espalda a la pared; los mistis y don Vilkas y don Inocencio se arrimaron a su lado.

Los indios miraban a Don Braulio; unos asustadizos, con ojos brillantes, otros tranquilos, algunos rabiando. Pantacha se acomodó bien la correa que sujetaba el cuerno sobre su espalda; en su cara había como fiebre.

Don Braulio parecía chancho pensativo; miraba el suelo con las manos atrás; curvo, me mostraba su cogote rojo, lleno de pelos rubios.

¡Don Braulio me hacía saltar el corazón de pura rabia!

Silencio se hizo en toda la plaza. El eucalipto del centro de la plaza parecía sudar y miraba humilde al cielo.

—¡Semanero Pascual, k'allary! (comienza) —ordenó el principal.

Don Pascual saltó sobre la mesa; desde lo alto miró al cornetero, a Don Wallpa, a Don Sak'sa, y después a los comuneros.

—¡K'allary!

—Lones para Don Enrique, Don Heráclito; martes para Don Anto, viuda Juana, Don Patricio; miércoles para Don Pedro, Don Roso, Don José, Don Pablo; jueves para...

Como si le hubieran latigueado en la espalda se enderezó el principal; sus cejas se levantaron parecido a la cresta de los gallos peleadores; y desde adentro de sus ojos apuntaba la rabia.

—Viernes para Don Sak'sa, don Waman...

—¡Pascualcha, silencio! —gritó Don Braulio.

Los comuneros de Don Sak'sa se asustaron, movie-

ron sus cabezas, se acomodaron para correr ahí mismo;
los tinkis más bien pararon firmes.

—¡Don Braulio, k'ocha agua es para necesitados!

—¡No hay dueño para agua! —gritó Pantacha.

—¡Comunkuna es primero! —habló Don Wallpa.
El principal sacó su arma.

—¡Fuera, carajo, fuera!

Los sanjuanes se empujaban atrás, se caían del corredor a la plaza. Las mujeres corrieron primero arrastrando sus rebozos.

Dos, tres balas sonaron en el corredor. Los principales, Don Inocencio, Don Vilkas, se entroparon con
Don Braulio. Los sanjuanes se escaparon por todas
partes; no volteaban siquiera, corrían como perseguidos
por los toros bravos de K'oñani; las mujeres chillaban
en la plaza; los escoleros saltaron de los pilares; los de
Ayalay se atracaban en la puerta del coso, querían entrar de cuatro en cuatro, de ocho en ocho. Pantacha
gritaba como el diablo.

—¡Kutirimuychic mak'takuna! (¡Volved, hombres,
volved!).

En vano: los comuneros se perdían en las esquinas,
en las puertas. Algunos tinkis nomás quedaron en el
corredor, serios, tiesos, como los pilares de piedra
blanca.

Don Antonio también había traído su revólver, seguro le prestó Don Braulio; estiró su brazo el Alcalde y
le echó dos tiros más al aire. Los últimos sanjuanes que
sacaban su cabeza por las esquinas se ocultaron.

Don Pascual se bajó callado de la mesa al suelo.

Principales y comuneros se miraron ojo a ojo, separados por la mesa. Don Braulio parecía de verdad loco;
sus ojos miraban de otra manera, derechos a Pantacha;
venenosos eran, entraban hasta el corazón y lo ensucia-
ban. Tras del principal los mistis y Don Vilkas esperaban temblando.

—¡Carago! ¡Sua! (¡Ladrón!) —gritó el mak'ta—.
Mata no más, en mi pecho, en mi cabeza.

Levantó alto su corneta. Como el sol de mediodía su
mirar quemaba, rajaba los ojos. Brincó sobre el misti

maldecido... Don Braulio soltó una bala y el mak'ta
cornetero cayó de barriga sobre la piedra.

—¡A la cárcel!

Como baldeados con sangre, Don Pascual, Don
Wallpa y los tinkis, cerraron los ojos. Se acobardaron;
ya no valían, ya no servían, se malograron de repente;
se ahumildaron, como gallo forastero, como novillo
chusco; ahí no más se quedaron, mirando el suelo.

—¡A la cárcel, wanakus! —mandó Don Braulio con
hablar de asesino.

Don Vilkas abrió la puerta de la cárcel —era carce-
lero—; como chascha (perro pequeño), temblando,
Don Wallpa entró primero; Pascual parecía viuda en
desgracia, mirando el suelo, humilde, derecho se fue
tras el Varayok'.

—Los demás carneros, a sus punas. ¡Fuera!

Se escaparon los tinkis; ganándose unos a otros, recelosos todavía, volteaban la cabeza de rato en rato.

En la plaza se hizo silencio; nadie había. En un rato
se acabaron la bulla, las rabias, los comuneros; se acabó
Pantacha, el mak'ta de corazón, el mak'ta valiente.
Los mistis también se callaron mirando a Pantaleón,
tumbado en el suelo, como padrillo rejoneado. Don
Vilkas y Don Inocencio, parados en la puerta de la
cárcel tenían miedo, no podían ir a ver la sangre del
músico.

—Ciérrenlo en la cárcel hasta la noche —mandó Don
Braulio.

No podían, Don Inocencio, Don Vilkas.

—Indios ¡arrástrenlo!

Por gusto mandaba, como a fantasma le temían.

—¡Nu taytay, nu taytay!

Le rogaban con hablar de criaturitas.

—Usted, Don Cayetano.

—¡Claro! Yo sí.

El viejo borracho se acercó al cornetero; de una
pierna empezó a jalarle.

—¡Caray! En la cabeza había sido.

Viendo arrastrar al Pantacha, me enrabié hasta el
alma.

—¡Wikuñero allk'o! (perro cazador de vicuñas) —le grité a Don Braulio.

Salté al corredor. Hombre me creía, verdadero hombre, igual a Pantacha. El alma del auki Kanrara me entró seguro al cuerpo; no aguantaba lo grande de mi rabia. Querían reventarse mi pecho, mis venas, mis ojos.

Don Braulio, Don Cayetano, Don Antonio... me miraron no más; sus ojos como vidrio redonditos, no se movían.

—¡Suakuna! (Ladrones) —les grité.

Levanté del suelo la corneta de Pantacha, y como wikullo [1] la tiré sobre la cabeza del principal. Ahí mismo le chorreó la sangre de la frente, hasta llegar al suelo. ¡Buena mano de mak'tillo!

Los principales acorralaron a su papacito, para atenderlo.

—Tayta, muérete; ¡perro eres, para morder a comuneros no más sirves! —le dije.

—¡Balas, carajo, más balas!

En vano gritaba; el fierro de la corneta le mordió en la frente, y su sangre corría negra, como de culebra.

—¡Don Antonio; mátelo!

Rogaba por gusto, su hablar ya no era de hombre; su sangre le acobardaba, como a las mujeres.

—¡Taytacha, acábale de una vez, para morder no más sirve!

Miré la fachada blanca de la iglesia.

¡Jajayllas! Taytacha Dios no había. Mentira es: Taytacha Dios no hay.

Don Antonio me hizo seña con el pie para que escapara. Me quería el Alcalde, porque era amiguero de sus hijos.

—Mátelo, don Antonio —rogó Don Braulio otra vez.

La voz del principal me gustaba ahora; me hubiera quedado; su gritar me quitaba la rabia, me alegraba, la risa quería reventar en mi boca.

---

1 Wikullo: arma arrojadiza.

—¡Muérete, taytay, allk'o!

Pero Don Antonio pateó en el empedrado y despúes me apuntó con su revólver. Se enfrió mi corazón en el miedo; salté del corredor a la plaza; tras de mí sonó la bala de Don Antonio.

—¡Taytay, Antonio!

El aire abaleó seguro el Alcalde, para disimular.

* * *

Los comuneros de Utek'pampa son mejores que los sanjuanes y los tinkis de la puna. Indios lisos y propietarios, le hacían correr a Don Braulio. Cuando traía soldados de Puquio no más, el principal se hacía el hombre en Utek', atropellaba a los comuneros y hacía matar los animales de la pampa, para escarmiento.

Sólo en la plaza de San Juan era valiente Don Braulio, pero llegando a Utek' se acababa su rabia y parecía buen principal.

Por eso, cuando escapé de la plaza, me acordé de los mak'tas utek'.

Los sanjuanes se habían asegurado en sus casas, chanchos no más encontré en las calles. Las puertas, como en media noche, estaban cerradas.

No paré hasta llegar al morro de Santa Bárbara: de donde se ven la pampa y el pueblito de Utek'.

Bien abajo, junto al río Viseca, Utek'pampa se tendía como si fuera una grada en medio del cerro Santa Bárbara.

Nunca la pampa de Utek' es triste; lejos del cielo vive: aunque haya neblina negra, aunque el aguacero haga bulla sobre la tierra, Utek'pampa es alegre.

Cuando los maizales están verdes todavía, el viento juega con los sembríos; mirada desde lejos, la pampa despierta cariño en el corazón de los forasteros. Cuando el maíz está para cosecharse, todos los comuneros hacen chozas en la cabecera de sus chacras. Las tuyas, los loros y las torcazas ladronas vuelan por bandadas en todo el campo; pasan silbando por encima de los maizales, mostrando sus pechitos amarillos, blancos, verdes; a veces cantan desde los mollales que crecen junto a los cercos. Desde los caminos lejanos, Utek'pampa se ve llena de humo, como si todo fuera pueblo. Después de la cosecha, la pampa se llena de animales grandes: toros, caballos, burros. Los padrillos gritan todo el día, desafiándose de lejos; los potros enamorados relinchan y se hacen oír en toda la pampa. ¡Utek'pampa: indios, mistis, forasteros o no, todos se consuelan, cuando la divisan desde lo alto de las obras, desde los caminos!

—¡Utek'pampa mama!

Igual que los comuneros de Tinki llamé a la pampa; como potrillo, relinché desde el morro de Santa Bárbara; fuerte grité, para hacerme oír con los mak'tas utek'. ¡Pero mentira! Viendo lo alegre de la pampa, de los caminos que bajan y suben del pueblito, más todavía creció el amargo en mi corazón. Ya no había Pantacha, ya no había Don Pascual, ni Wallpa; Don Braulio no más ya era; con su cabeza rota se pararía otra vez, para ajear, patear y escupir en la cara de los comuneros, emborranchándose con lo que robaba de todos los pueblos.

Solito, en ese morro seco, esa tarde, lloré por los comuneros, por sus chacritas quemadas con el sol, por sus animalitos hambrientos. Las lágrimas taparon mis ojos; el cielo limpio, la pampa, los cerros azulejos, temblaban; el Inti, más grande, más grande... quemaba al mundo. Me caí, y como en la iglesia, arrodillado sobre las yerbas secas, mirando al tayta Chitulla, le rogué:

Tayta: ¡que se mueran los principales de todas partes!

Y corrí después, cuesta abajo, a entroparme con los comuneros propietarios de Utek'pampa.

El wikullo es el juego vespertino de los escoleros de Ak'ola. Bankucha era el escolero campeón en wikullo. Gordinflón, con aire de hombre grande, serio y bien aprovechado en leer, Bankucha era el «Mak'ta» en la escuela; nosotros a su lado éramos mak'tillos no más, y él nos mandaba.

Cuando barríamos en faena la escuela, cuando hacíamos el chiquero para el chancho de la maestra, cuando amansábamos burros maltones en el coso del pueblo, y cuando arreglábamos el camino para que viniera al distrito el Subprefecto de la Provincia, Bankucha nos dirigía.

En el trabajo del camino, que era trabajo de hombres, los escoleros obedecíamos callados al mak'ta, diciendo en nuestro adentro que ya éramos faeneros, peones akolas, mak'tas barreteros: que Bankucha era nuestro capataz, el mayordomo. Nos limpiábamos el sudor con prosa; descansábamos por ratos, poniéndonos las manos a la cintura, como faeneros de verdad; mientras, Bankucha, parado a la cabeza de la cuadrilla,

nos miraba con su cara seria, igual que Don Jesús,
mayordomo de don Ciprián, principal del pueblo. A
veces, nos reíamos fuerte mirando al Banku; pero él no,
se creía capataz de veras, nos resondraba con voz
gruesa y nos hacía callar; sabía mandar el wikullero. Y
los escoleros le queríamos, porque todo lo que hacíamos bajo sus órdenes salía bien, porque odiaba y pa-
teaba a los abusivos, y porque tenía unos ojos bien
grandes y amistosos. Cuando faltaba a la escuela, hasta
los más chicos le extrañaban y decían entristecidos:

—¡Dónde estarás, Bankuchallaya!

* * *

Un sábado por la tarde, yo y Bankucha nos paramos
en una esquina de la plaza para oír el griterío de los
chiwakos que cantaban en los duraznales del cementerio. No había casi gente en el pueblo; todos los comuneros estaban en el trabajo y la mayor parte de los
escoleros vivían en los pueblecitos cercanos, en las estancias, y se iban los sábados, tempranito.

La tarde estaba húmeda y nublada.

—Bankucha, de poco ya te voy a ganar en wikullo.

—Eres maula, Juancha.

—Ahora, badulaque, vamos a probar en Wallpamayu.

Ák'ola está entre dos riachuelos: Pukamayu y Wallpamayu; los dos llegan hasta la explanada del pueblo,
dando saltos desde la cumbre de la cordillera y siguen
despeñándose hasta llegar al fondo del río grande, del
verdadero río que corre por la base de las montañas.
Wallpamayu, en miles de años de trabajo, ha roto la
tierra, y corre encajonado en un barranco perpendicular
y profundo. A la orilla del barranco los ak'olas planta-
ron espinos, para defender a los animales y a los muchachos. De trecho en trecho, varias plantas de maguey
estiran sus brazos sobre el barranco. Pero desde años
antes, los escoleros hicieron varios huecos en el muro
de espinos, para pasar a la orilla del barranco y tirar los
wikullos al río.

El wikullo lo hacíamos de las hojas del maguey; eran unos cuadriláteros con mango, en forma de palmeta. Cada wikullero llevaba amarrado al chumpi o al cinturón un cuchillo hecho de fleje, para cortar el maguey. Bankucha tenía un puñal de verdad con forro de cuero; se lo regaló Don Fermín, un borrachito, amiguero de los muchachos.

—Bankucha, vamos a pelear a iguales. Tú sabes hacer wikullo mejor que yo; si eres legal haz para los dos.

No me contestó el escolero. Se acercó a un maguey, arrancó una hoja larga y cortó seis estupendos wikullos.

—Uno para cada —dijo.

Tomó la delantera y entró, agachándose, por uno de los huecos del cerco de espinos. Detrás del cerco había un espacio como de tres metros.

El río estaba fangoso, arrastraba ramas de molle y retama, se revolvía entre las grandes piedras y salpicaba muy alto.

—¡Wallpamayu: algún día te voy a atravesar con mi wikullo, frente a frente! —dijo Bankucha, y miró la otra orilla del barranco.

—¡Mentira, Wallpamayucha, yo te voy a cruzar antes que el badulaque Banku!

Levanté mi wikullo, me agaché, encorvando el brazo, hice una flexión rápida, me estiré como un arco, con todas mis fuerzas, y arrojé el wikullo. Recto, de plano, se lanzó silbando, y fue a caer de filo sobre el barranco del frente, a veinte metros del río.

—¿Kunanri, Kunanri? (¿Y ahora?) ¡Jajayllas!

Salté a la orilla del precipicio, cerrando el puño; me pareció que ya no podía haber querido en mi vida nada más que eso. ¡Qué alegría! Me daban deseos de patearle al Banku, de pura alegría.

—¡He tocado el frente, mak'ta! —le grité.

Banku se asustó un poco, me miró receloso, como resentido.

—¡Espera, wiksa (barriga), wiksacha!

Se escupió las manos y levantó su wikullo del suelo. Sabía como nadie; abrió las piernas, se agachó, levantó

un poco la cabeza; en lo hondo de sus ojos había rabia.
De repente, saltó, y su brazo se estiró como un zurriago bien tirado. El wikullo se perdió en el aire, voló
recto; pero en medio del barranco se ladeó, se lanzó
oblicuo hacia abajo y se desplazó sobre una piedra.

—¡Malhaya viento!

Probó con otro wikullo. Ya no era tiempo, el viento
empezó a soplar fuerte, y se llevó el wikullo, lejos, en
la misma dirección de la quebrada. Por primera vez vi
al Banku en apuros. Cortaba wikullo de cuatro en cuatro, de seis en seis, me amenazaba antes de tirar cada
uno.

—¡Ahora sí! ¡Eres huahua para mí, Juancha!

Sudaba, cambiaba de posturas, se daba viada de distintas maneras ¡Y nada! El viento estaba contra él; tiraba al suelo todos sus wikullos y los despedazaba. Me
dio pena.

—Deja Banku. Yo por casualidad no más he atrave-
sado el barranco, pero tú eres mak'ta, mayordomo, capataz de escoleros. Mañana, seguro, cuando el aire esté
parado, vas a tirar hasta la cabeza del barranco. De
verdad, Banku.

El mak'ta me agarró del brazo, señaló con la otra
mano el sitio donde cayó mi wikullo.

—Juancha, desde tiempo has estado alcanzándome,
eres buen mak'ta. Si mañana o pasado no te igualo, vas
a ser primer wikullero en Ak'ola.

—Bueno Banku. Pero tú eres capataz, siempre.

Oscurecía. Los trigales jugaban con el viento del anochecer; la neblina se había subido muy arriba y cubría
el cielo en todo el horizonte; el mundo parecía envuelto
en un paño ceniciento, terso y monótono. Los grandes
cerros dormitaban en la lejanía.

Por todos los caminos, los comuneros empezaron a
llegar al pueblo; unos tras de sus burros cargados de
leña, otros arreando una tropita de ovejas; muchos
acompañados por sus vecinos de chacra; sus perros entraban al pueblo a carrera, persiguiéndose, dando saltos
de regocijo.

—Juancha, de ocho años más, nosotros también va-

mos a venir como los comuneros, con nuestras mujeres
por detrás y el chascha [1] por delante.

—Claro, Banku, nosotros somos buenos ak'olas.

Salimos al camino grande que baja a la pampa de
Tullo, a la pampa madre de los ak'olas, donde el maíz
crece hasta el tamaño de dos hombres.

—Le miraremos un rato más al tayta Ak'chi —dijo
Banku.

El tayta Ak'chi es un cerro que levanta su cabeza a
dos leguas de Ak'ola; diez leguas, quizá veinte leguas
mira el tayta Ak'chi; todo lo que él domina es de su
pertenencia, según los comuneros ak'olas. En la noche,
dicen, se levanta a recorrer sus tierras, con un cuero de
cóndor sobre la cabeza, con chamarra, ojotas y pantalón de vicuña. Muchos arrieros y viajeros cuentan que
lo han visto; alto es, dicen, y silencioso; anda con pasos
largos, y los riachuelos juntan sus orillas para dejarle
pasar. Pero todo eso es mentira. Los pastales, las chacras que mira el tayta Ak'chi, y el tayta también, son
pertenencia de Don Ciprián, principal del pueblo. Don
Ciprián sí, anda de verdad en las noches por las pampas
del Distrito; anda con su mayordomo, Don Jesús y dos
o tres peones más; el principal y el mayordomo carabina al hombro y revólver con forro en la cintura; los
peones con buenos zurriagos; y así arrean todo el ganado que encuentran en los pastales; a látigos los llevan
hasta el corral del patrón y allí los encierran hasta que
mueran de hambre, o los dueños paguen los «daños»,
o Don Ciprián de quince, diez soles de reintegro, según
su voluntad.

—Tayta Ak'chi es respeto, Juancha.

Sus ojos miraban al cerro con esa luz enternecedora
que tenía siempre; pero ahora su mirar era más serio y
humilde.

—¿Le quieres al Ak'chi, Banku?

—El tayta Ak'chi es patrón de Ak'ola, cuida a los
comuneros, a las vacas, a los becerritos, a todos los
animales: todos somos hijos de tayta Ak'chi.

1 Chascha: perro pequeño.

¡Mentira! Nadie es padre de los comuneros; nadie, solos como la paja de las punas son. ¿El corazón de quién llora cuando a los comuneros nos desuella Don Ciprián con sus mayordomos, con sus capataces?

—Deja, Bankucha; el tayta Ak'chi es upa, no oye; sonso es como el lorito de las quebradas. Vamos a alcanzar más bien a Teófanes; con la Gringa está subiendo por el camino.

Se molestó el escolero, pero no le hice caso, y corrí por el callejón a darle alcance a Teófanes. Banku, al poco rato, me siguió saltando por encima de los romazales.

En la repartición del camino encontramos a Teófanes. Agarrándose del rabo de la Gringa se hacía arrastrar para no cansarse.

—¡Gringa!

Salté al cuello de la vaca madre y la abracé con fuerza. Baku llegó después, levantó la cabeza de la Gringa por la quijada y se la puso al hombro.

—¡Ya, ya carago! —gritó Teófanes.

La vaca se paró en el camino, resopló fuerte, y empezó a lamerse la nariz; su olor a leche fresca nos enternecía más.

La Gringa era la mejor vaca del pueblo; el padre de Teófanes, que fue arriero, se la trajo, tiernecita, de la costa; y como tenía algunas chacritas de alfalfa y maíz creció bien cuidada y gorda; se hizo grande y cuando tuvo su hijo, daba una arroba de leche al día. El padre de Teófanes murió, cuando la Gringa estaba preñada; la viuda no tenía ahora más animales que esa vaca. La llamaron Gringa porque era blanca entera y un poco legañosa; la queríamos los escoleros porque íbamos a jugar todos los días a la casa de Teófanes, donde no había nadie que nos resondrase. La viuda era buena y adoraba a Teófanes; y cada vez, por las mañanas, muchos escoleros forasteros tomaban la leche de la Gringa, y también porque era muy mansa, y en su boca de labios abultados, en sus ojos legañosos y azules, en sus orejas pequeñas, encontrábamos una expresión de bondad que nos desleía el corazón. ¡Gringacha! Lo que es yo, la quería como a una madre de verdad.

—Dejen a la Gringa, me ha jalado toda la cuesta y está de mal humor, se ha cansado bien —dijo Teófanes.

—¡Maula ak'ola! ¿No tienes alma para subir cuesta con tus pies?

—¿Acaso cuesta es wikullo?

Soltamos a la Gringa para hablar mejor con el escolero.

—Oye, Teófanes, la Gringa está engordando.

—Es que ahora está comiendo en Pak'cha; allí la alfalfa es más dulce.

—Cierto, la tierra en Pak'cha es de otro modo, no le iguala ninguna tierra de Ak'ola.

La Gringa empezó a subir paso a paso la cuesta; hacía un gran esfuerzo con las patas traseras para caminar: su ubre llena se mecía y la arrastraba. Caminamos los tres largo trecho, casi sin conversar; íbamos al pie de la Gringa. Los payk'ales y sunchus que crecían sobre los muros del callejón se mecían con el viento y hacían bulla. Bandadas de palomas y toda clase de aves pasaban velozmente volando muy bajo; se iban a dormir en los bosques del río grande y en los kishuares de Wallpamayu. El cielo estaba completamente negro, por el lado del tayta Ak'chi, y daba miedo.

—¿Sabes, Banku? Don Ciprián ha ido cuatro veces ya a mi casa para que la viuda le venda nuestra Gringa; mi mamá no ha querido y don Ciprián se ha molestado fuerte. «A buenas o a malas», ha dicho, y se ha ido ajeando a su casa. Don Jesús también ha visitado de noche a la viuda y le ha estado rogando por la vaca; dice es vergüenza para el patrón que nosotros tengamos el mejor animal del pueblo.

—¿Y tú qué dices, Teófanes?

—¡Ja, caraya! La Gringa es de mí, de Teofacha. A mí tiene que matar primero Don Ciprián para llevarse a la Gringa.

—A mí también, hermano. Nunca estará la Gringa en el corral del principal.

—¡Endios respetan su palabra, Bankucha! —habló Teófanes.

Ya estábamos frente al muro de espinos, cerca del pueblo. No hablaba ninguno. En nuestro corazón, de repente, creció la pena; todos mirábamos, callados, a la Gringa. Es que Don Ciprián era malo, tenía alma de Satanás y ahora le estaba dando vueltas a la Gringa; y la miraba hambriento, con sus ojos verdes, verdes sucios, como los charcos podridos.

—Mejor no te acuerdes, Teofacha. Vamos a danzar aquí para la Gringa. En su delante vamos a danzar, como el mak'ta Untu de Puquio.

—¡Yaque!

—¡Yaque!

Hicimos parar a la Gringa, y empezamos a bailar sobre la pampita de romazales. Me sentía ágil, retozón, diestro en el baile indio. Silbábamos la danza del Untu, padre de todos los danzantes de Lucanas; levantábamos en alto la mano derecha, como si lleváramos las tijeras de acero. Y zapateamos, olvidándonos de todo, como tres pichiuchas [1] alegres.

La Gringa nos miraba curiosa, con sus ojos tranquilos.

* * *

Empezaba una noche de aguacero cuando nos separamos los tres mak'tillos. Las nubes bajaban poco a poco hasta colocarse a la verdadera altura, desde donde sueltan el granizo primero y después la lluvia. El cielo negro, ya casi sin luz, asustaba; en el filo de los cerros lejanos ya empezaba el aguacero, como un tul blanquizco; el viento silbaba, como siempre, antes de la lluvia.

Las calles estaban sin gente y sin animales; los berracos mostrencos y los perros estarían en sus casas y en la cocina de sus dueños. Gran cantidad de hojas verdes, paja y basura, revoloteaba en el aire; el viento veloz, viento de lluvia, las revolvía y arrastraba hacia el río grande.

1 Gorriones.

Tenía frío y pena.

—Don Ciprián va a matar seguro a la Gringa, su alma de diablo se ha encaprichado. Yo, Teofacha, Banku; mak'tillos no más somos; como hormiga negra somos para el patrón, chiquitos, de dos zurriagos ya no hay mak'tillos. Los comuneros son maulas; tantos son, pero le tiemblan al principal; yo no le tiemblo; Teofacha y Banku son valientes, pero falta fuerza, falta tamaño. Don Ciprián es solo no más; en los pueblos grandes sí hay muchos principales, muchos platudos; Don Ciprián en Ak'ola es único principal pero no hay hombre para él; por gusto, por ser maulas le temen. ¿Acaso no tiene cuello como Don Lucas, como Don Kokchi? Cuchillo seguro le entra, wikullo seguro le rompe la cabeza. ¡Juancha, Bankucha; cuesta abajo, desde la cumbre de Piedra Alta, en el camino al río grande! ¡Como sanki [1] arrojado sobre una roca se pegaría en los retamales el seso de Don Ciprián, sobre los troncos de molle! ¡Con wikullo de piedra! ¡Jajayllas! ¡Cipriancha!, yo no te respeto, yo soy wikullero, hijo de abogado, misti perdido.

Empezó a llover.

Nunca había estado así, estusiasta, hablador, animoso; como candela había en mi adentro; quería dar saltos; mi corazón se sofocaba, como de potro cansado.

—¡Espérate!

Levanté una piedra del suelo.

—Este es wikullo.

Miré la pared de una casa sin techo; hacía muchos años que esa pared nueva esperaba que le pusieran tejado. A dos metros del suelo, el albañil había hecho poner, por capricho, una piedra casi redonda; los escoleros le pintaron ojos, nariz y boca; y desde entonces la piedra se llamó Uma (cabeza).

—¡Uma de Don Ciprián!

Me agaché, como en el barranco de Wallpamayu, agarré la piedra por una punta, encogí mi brazo, lo

1 *Sanki:* el poncho del gigantón.

templé bien, y tiré después. La piedra se despedazó en
un filo de la Uma, mordiéndole el extremo de la frente.

—¿Y ahora, carago?

Estaba rabioso, como nunca; mi cuerpo se había ca-
lentado y sudaba, mi brazo wikullero temblaba un
poco.

—¡Juancha es hombre, Don Ciprián! Bankucha y
Teófanes atraviesan de lado a lado el barranco de Wallpamayu. ¡Wikulleros ak'olas, como a sanki verde te
podemos rajar la cabeza!

Como alocado le hablé a la piedra, a una Uma; le
amenacé furioso. Pero me cansé al poco rato, y seguí
mi camino andando despacio, desganado. Una tibia
ternura creció de repente en mi corazón, y en seguida
sentí deseos de llorar.

—¡Gringacha, no hay cuidado! Yo, Bankucha y
Teófanes somos wikulleros; en nuestro corazón hay
hombre grande ya. ¡Confía no más, Gringacha!

Me reí despacito; estaba contento de mí, de Teófanes, de Banku, del wikullo de piedra.

Media cuadra caminé callado, tropezando con las
piedras y la bosta fresca. Cuando llegué a la esquina me
paré de golpe.

—¡Ja caraya!

Mi pecho estaba húmedo con mis lágrimas.

—No importa, por la Gringa es; estoy llorando por
la Gringa.

El aguacero empezó a bailar sobre la tierra, me golpeaba sobre las orejas y en la espalda.

Cuando llegué a la puerta de la casa de Don Ciprián,
me pareció que un rato antes había peleado con alguien, y que estaba triste porque no había sabido patearle como un buen wikullero; estaba descorazonado y
miedoso.

El patio se había llenado de agua, pasé el pozo saltando por las piedras planas que servían de puente a la
cocina. En la sala, Don Ciprián comía junto con su
mayordomo y su mujer, en el corredor, varios jornaleros conversaban. Entré a la cocina sacudiendo el agua
de mis ojotas. Facundacha me miró asustada.

—Juancha, Don Ciprián está molestoso, dice vas a ir.

Rodeando el fogón, los concertados de Don Ciprián: José Delgado, Tomás y Antonio Quispe, Juan Wallpa, Francisco Rondón, se calentaban cerca del fuego. Doña Cayetana, la cocinera, servía arroz en una fuente.

—Juancha —dijo Don Tomás—, cuidado no más anda; Don Ciprián está con mal de rabia.

Sobre la mesa grande de la sala ardía una cera de iglesia, restos del mayordomaje de Don Ciprián; en la cabecera, el patrón se atracaba con un pedazo de carne; a su lado, Doña Josefa estaba medio dormida, y frente a ella, Don Jesús miraba el mantel, como si tuviera vergüenza. La sala estaba casi oscura; las bancas negras, altas, labradas, puestas en hilera de extremo a extremo, parecían el luto de la sala.

—¿Dónde has estado desde las cinco?

Los ojos verdes de Don Ciprián se pusieron turbios; así era cuando le atacaba la rabia; y entonces parecían color ceniza. Esta noche su mirar era peor que otras veces; caían de frente sobre mis ojos, como la luz opaca de los faroles de cuero que usan los indios andamarkas.

—¡Contesta, mocoso!

—Con Teófanes y Bankucha he jugado a la entrada del pueblo.

—¡Juancha! Otra vez te voy a hacer tirar látigo. Ya no hay doctor ahora, si eres ocioso te haré trabajar a golpes. ¿Sabes? Tu padre me ha hecho perder el pleito con la comunidad de K'ocha; yo le di treinta libras, tienes que pagar eso con tu trabajo.

—Bueno, Don Ciprián.

—No andes con Teofacha, ese cholito dicen me amenaza; mañana, pasado cualquier día, su vaca tiene que caer en mis potreros. O si no, convéncele para que me venda la Gringa, hasta un terno completo te puedo mandar hacer; en vez de tres, cuatro días irás a la escuela.

—¡Qué te va a vender la Gringa, Don Ciprián! Como a su madre la quiere el Teofacha.

—Este muchacho está con la viuda, Don Ciprián;

con un poquito de leche lo compran —dijo el mayordomo.

—¡Bueno! Nunca más vas a andar con Teofacha; si te
veo, te haré latiguear. Puedes irte.

En los ojos de Doña Josefa había compasión y cariño
para mí.

—Anda, Juancha, no te asustes —dijo.

La oscuridad del patio me golpeó en los ojos; el
aguacero estaba ya por terminar; del tejado goteaba el
agua a pocos.

—¡No hay más, Banku! ¡Wikullo de piedra en el
camino al río grande!

Fuerte hablé en lo negro del patio; me paré un rato
para escuchar mi conciencia; seguro tendría valor para
tumbarle a Don Ciprián.

* * *

Cuando cesó la lluvia empezó el ladrido de los perros. En las esquinas de la plaza los chaschas ladraban,
dos, tres horas, por puro gusto; estiraban sus hociqui-
tos hacia el cielo negro y gritaban enloquecidos; a veces
peleaban por tropas y se mordían. Kaisercha no más, el
perro del patrón, era serio; su cabeza grande, sus ojos
chiquitos, su boca de labios caídos, su tamaño —era
casi como un becerro— ponían recelosos a los comuneros. ¿Por qué no ladraba Kaisercha? Andaba con la
cabeza casi gacha, con el rabo caído, sin mirar a nadie,
bien serio; a los otros perritos del pueblo no les hacía
caso y de vez en vez no más enamoraba. Los chaschas
eran muy distintos; callejeaban todo el día, con las orejitas paradas, el rabo alto y enroscado, andaban alegres
y jactanciosos en todo el pueblo. A veces, como de
milagro, Kaisercha salía al atardecer hasta la esquina de
la plaza, se sentaba un poco alejado de los otros chaschas y ladraba junto con ellos; los comuneros se detenían un rato para oírle. La voz de Kaisercha retumbaba
en la plaza, llegaba hasta la quebrada, sonaba bien extraña, dominando el griterío de los chaschas; el ladrar

de Kaisercha era corto, grueso, casi como voz de toro,
y ahí mismo se notaba que era de perro extranjero.

—Cómo será esos pueblos, Don Rikra —hablaban
los comuneros—, por su perro no más podemos pen-
sar. Sus casas, dice, son de fierro y hay gente peor que
hormiga.

—Pero, dice, son malos, se comen entre ellos; de
hambre también dice, se mueren en las calles.

—¿Dónde será eso, Don Rikra?

Así, oyendo al Kaisercha, pensábamos en los pueblos
lejanos, adonde cada año iba Don Ciprián llevando vacas y carneros; y regresaba de dos, de tres meses, trayendo realitos y soles nuevos, brillantes, como la
arena del río grande.

—Como sonsos ladran los chascas sin tener porqué
—dijo José Delgado.

—¿Acaso? Los chaschas «miran»; cuando el alma
anda en lejos, ladran; pero si está en el mismo pueblo
aúllan de tristes.

—Don Francisco, ¿el Kaisercha «mirará»?

—No. Kaisercha es upa, el ánima de estos pueblos no
puede ver; por eso es silencioso siempre; anda enfermo.
Seguro alma de Kaisercha se ha quedado en «extranguero», por eso al oscurecer llora por su alma, le llama
con voz gruesa. ¡Pobre Kaisercha! Su ánima estará
dónde todavía; a veinte, a treinta, a cien días de Ak'ola;
nunca ya seguro va encontrar a su alma.

Doña Cayetana tenía corazón dulce; en su hablar había siempre cariño; quería al gato, al Kaisercha, a las
gallinas, y más que a todos, a los escoleros de otras
partes, a esos que se iban los sábados por las mañanitas.
Me gustaba el hablar de Doña Cayetana, en su voz
estaba siempre la tristeza, una tierna tristeza que con-
solaba mi vida de huérfano, de forastero sin padre ni
madre.

—Doña Cayetana, capaz vas a llorarte por el chascha
grande también; más bien voy a irme.

José Delgado se paró para despedirse, los otros concertados también se levantaron.

—Hasta mañana, mamaya.

—Hasta temprano, mak'takuna.

Se fueron los cuatro, hablando del corazón cariñoso de Doña Cayetana.

En la oscuridad de la cocina, los carbones rojos del fogón se apagaban a ratos, cubiertos por la ceniza; el viento y un poco de claridad, entraban por la ventana, que se abría cerca del techo, en el mojinete.

Los chaschas se callaron, el viento también paró un poco; el negro duro de la noche lo redondeó todo, y de pronto se apagó la bulla.

Nosotros, los mak'tillos, nunca pasamos mala noche si hay aunque sea un cuero de chivo para tenderlo de cama; el sueño nos quiere.

—¡Juancha, Juancha!

Me llamaba Doña Cayetana, pero el sueño me trababa la lengua.

—Juancha; Don Ciprián está con mala rabia para ti; mañana tempranito anda con tu segadora al cerco de Jatunrumi y carga alfalfa para los becerros, a las seis ya vas a estar aquí. ¡Juancha!

—Bueno, mamaya, no hay cuidado.

—¡Forasterito! ¡Misticha!

* * *

Ya el montón de alfalfa que había cortado era grande cuando en el lomo del Jatun Cruz apareció el primer resplandor del sol; se extendió casi hasta la mitad del cielo y lo iluminó con su luz brillante y alegre. La salida del sol en un cielo limpio siempre me hacía saltar de contento. Dejé mi segadora y me senté sobre la carga de alfalfa para esperar el tayta Inti. Las pocas nubes, que reposaban en ese lado del cielo, se pusieron muy blancas y risueñas; el cielo claro se encendió; las cabezas de los cerros lejanos se azularon con un azul de humo; y de repente sobre el filo del Jatun Cruz brotó un rayo blanco.

—¡Inti! ¡K'oñi Inticha! (tibio sol).

Toda la quebrada se iluminó; los campos se hicieron

más verdes, los falderíos y las pampas se animaron; y
enfrente, a un lado del Jatun Cruz, el respetado tayta
Ak'chi levantó su cumbre puntiaguda, grande, sin nubes que le taparan por ningún lado; como si fuera el
verdadero dueño de todas las tierras.

Tranquilo y resuelto hice mi carga. Tiré el tercio de
alfalfa sobre mi espalda y me eché a andar. Al pasar
junto a Jatunrumi vi la huella del camino por donde
Banku y algunos escoleros más subían hasta la cima de
la piedra.

Jatunrumi es la piedra más grande de Ak'ola, está
sentada a la orilla del camino que va a las punas, clavada
en la ladera. Por el lado del camino no se le ve tan alta,
pero mirada desde el potrero que lleva su nombre, por
la parte baja de la ladera, parece un cerro; da vueltas la
cabeza cuando se le contempla largo rato. Subir hasta la
cabeza de Jatunrumi era proeza de los escoleros mayores y más valientes.

—Esta mañana te voy a subir hasta la punta, Jatunrumi —le hablé.

Confiado y valiente estaba yo esa mañana. Si Don
Ciprián hubiera pasado a caballo por el camino, seguro
le hubiera abierto la calavera con un wikullo de piedra.
El calor del sol de la mañana, la altivez del tayta
Ak'chi, la alegría de los potreros y los montes, el volar
orgulloso de los gavilanes y los killinchos (cernícalos),
me enardecían la sangre; y me volví atrevido.

Tiré mi carga al suelo, salté sobre el cerco del potrero
y de ahí empecé a trepar la piedra. Mis dedos se agarra-
ban con maña de las rajaduras, de las puntas que habían
en la roca; mis pies se afianzaban fácilmente en las aristas. ¡Ni Banku, ni nadie subía con esa maestría! En un
ratito me vi en la misma cabeza de Jatunrumi. Un
viento fuerte y silbador me empujaba de la cara hacia
atrás, pero me planté tieso en la cumbre, miré todas las
tierras de Ak'ola, de canto a canto. El pueblito aplastado en la quebrada, humilde y pobre, daba pena con-
templándolo desde Jatunrumi. Estuve buen rato pensando, oyendo al viento, mirando satisfecho los sembríos verdes. Pero ya el sol se puso alto y desde el

pueblo empezó a llegar el griterío de las vacas que iban en busca de sus becerros. Sentí otra vez el desaliento, la pena de antes, y el odio que le tenía a Don Ciprián se despertó con más fuerza en mi pecho.

¡Malhaya vida!

¿Bajar? ¡Nunca! Jatunrumi me quería para él, seguro porque era huérfano; quería hacerme quedar para siempre en su cumbre. Como el gorrión que ha caído en la trampa, daba vueltas en la cumbre de la piedra sin encontrar camino. Me echaba de barriga y quería colgarme, pero sentía miedo y me retractaba. Probé a bajarme por todos lados, y apenas avanzaba un poco sentía espanto, mirando el camino como desde la cumbre de un barranco; empezaba a marearme otra vez y regresaba, regresaba siempre.

Y recordé las historias que contaban los comuneros sobre los cerros, las piedras grandes, los ríos y las lagunas.

—De tiempo en tiempo, dice, sienten hambre y se llevan a un mak'tillo; se lo comen enterito y lo guardan en su adentro. A veces, los mak'tillos presos recuerdan la tierra, sus pueblos, sus madres y cantan triste. ¿No le has oído tú cantar a Jatunrumi? El corazón de cualquiera llora si en las noches negras, cuando ha pasado la lluvia, por ejemplo, canta Jatunrumi, con voz triste y delgadita. Pero no es la voz de Jatunrumi, es la voz de los pobres mak'tillos que se ha llevado. Cada cien años no más pasa eso. ¿Cuántos años ya tendrá Jatunrumi?

Pero Don Ciprián y Don Fermín, que habían estado tantas veces en el «extranjero», se burlaban de esos cuentos.

¿Y ahora? Me desesperé. De verdad, Jatunrumi no quería soltarme. Me pareció que de un rato a otro iba a abrirse una boca negra y grande en la cabeza de Jatunrumi y que me iba a tragar. Grité con todas mis fuerzas; las lágrimas saltaron de mis ojos.

—¡Auxilio, comunkuna, mak'takuna!

Me tumbé sobre la piedra y lloré, arañando la roca dura. Cerré los ojos. Y rogué con voz de becerrito abandonado.

—¡Jatunrumi Tayta: yo no soy para ti; hijo de blanco abugau; soy mak'tillo falsificado! ¡Mírame bien, Jatunrumi, mi cabello es como el pelo de las mazorcas, mi ojo es azul; no soy para ti, Jatunrumi Tayta!

En eso me hizo saltar el llamar ronco de Don Jesús.

—¡Eh, Juancha, Juancha!

Me serené ahí mismo, viendo a Don Jesús. Estaba en su caballo moro, sin saco; a alcanzarme no más venía, seguro. Estaba rabioso, su cara malograda por la viruela daba miedo cuando estaba enrabiado. Pero sentí agradecimiento por él.

—¡Taytay, me has librado! Jatunrumi quería comerme —le grité desde arriba.

Se bajó del caballo, saltó el cerco del potrero; de allí subió hasta la mitad de la piedra, porque era fácil, y me tiró su cabestro. Amarré la soga en una punta de la piedra y me solté, agarrándome del cabestro. Caí sobre Don Jesús. El mayordomo me levantó de la cintura y casi me botó al suelo.

—¡Carago! ¡Mejor te mataría!

Me tiró sobre un graderío de la piedra. Como un gato me bajé hasta el cerco; salté al camino y corrí para cargar mi tercio de alfalfa. Cuando levanté la carga la acomodé bien en mi espalda, de mis manos salía bastante sangre; el cabestro me había desollado a su gusto. Sin mirar atrás corrí por el camino; las piedrecillas del suelo se metían bajo mis ojotas, como nunca, y me arañaban; tropezaba a cada rato y del dedo gordo de mi pie se hizo sangre.

—¡Pero de Jatunrumi me ha salvado!

Gritaba casi y me aventaba cuesta abajo, sin acordarme del mayordomo.

Cuando ya estaba cerca del pueblo oí el galopar del moro; un rato después sentí un latigazo en mi cuello.

—¡Carago, muchacho! ¡Maldito'e mierda!

Casi me atropelló el caballo. Don Jesús hizo fuerza para sujetarlo y regresó de nuevo con el látigo en alto. Para librarme salté al cerco del camino y me tiré al otro lado.

—¡Mi cabestro, carago, se ha quedado en la piedra!

¡Anda, sal, cojudo! Si no, me bajo y te mato en el sitio.

Sus ojos chiquitos, de chancho cebado, se afilaban para mirarme, ardían en su cara como dos chispas. .

—¿Sales o no sales?

—¡Taytay! ¿Cómo pues? ¡No me pegues! ¡Mi mano está con sangre, mi pie también! ¿Qué más ya quieres?

Le enseñé mis manos.

—¡Bueno! ¡Sal y anda delante!

Levanté mi alfalfa sobre el cerco e hice rodar la carga al camino. Después subí yo.

—¡Para desfogar mi rabia uno te voy a dar!

En mi espalda hizo reventar su látigo, como si yo fuera perro o becerro mañoso. Me tumbé de cara y me eché sobre la alfalfa. Sentí un tibio dentro de mi pecho; me pareció que mi corazón se acababa poco a poco y que se iba a dormir para siempre.

Don Jesús se quedó callado un rato. Después se bajó del caballo y se agachó para mirarme la cara. Seguro en mi oreja estaba la sangre que había salido de mis manos. Me tocó la cabeza con su mano gruesa de zurriaguero, de arreador de vacas.

—¡Juancha! ¡Malhaya rabia, carago!

Me levantó hasta su pecho. Sus ojillos estaban casi llorosos.

—¡Carago, rabia! ¡Juancha, pierdóname! ¡Como perro soy cuando enrabio!

Me dejó otra vez en el suelo; levantó el tercio de alfalfa, lo puso delante de la montura; saltó sobre el potro y se fue a galope.

Yo estaba bien malogrado. Me dolían el cuello, la espalda, el pie y las manos.

—¡Malhaya vida!

El sol brillaba con fuerza en el cielo limpio; su luz blanca me calentaba el cuerpo con cariño, se tendía sobre la quebrada, y sobre los cerros lejanos parecía azuleja. Los cernícalos peleaban alegres en el aire; los pichiuchas gritoneaban sobre los montoncitos de taya y sunchu. Todo el mundo parecía contento. En la cabecera de Ak'ola, el agua de Jatunkocha, de la cual tomaba el pueblo, se arrojaba cantando sobre la roca negra.

Me senté a la orilla del camino.

—Ak'ola es bonito.

El fresco de la mañana, la alegría de la quebrada madre, me consolaban de nuevo.

Algún día en Ak'ola se morirá el principal y los comuneros vivirán tranquilos, arando sus chacras, cantando y bailando en las cosechas, sin llorar nunca por culpa de los mayordomos, de los capataces. Querrán libremente a sus animales, con todo el corazón, como Teofacha quiere a su Gringa. Ya nadie hará reventar tiros y matará de lejos a las vaquitas hambrientas; porque todas las quebradas y las pampas que mira el tayta Ak'chi serán de los comuneros. Yo también me quedaré con los «endios», porque mi cariño es para ellos; seré buen mak'ta ak'ola. ¡Ja, caraya!

Estuve pensando largo rato en la felicidad de los comuneros de todas partes.

—Los indios son buenos. Se ayudan entre ellos y se quieren. Todos miran con ojos dulces a los animales de todos; se alegran cuando en las chacritas de los comuneros se mecen, verdecitos y fuertes, los trigales y los maizales. ¿Por culpa de quién hay peleas y bullas en Ak'ola? Por causa de Don Ciprián no más. Al principal le gusta que peleen los ak'olas con los lukanas, los lukanas con los utek' y con los andamarkas. Compra a los mestizos de los pueblos con dos o tres vaquitas y con aguardiente, para que emperren a los comuneros. Principal es malo, más que Satanás; la plata no más busca; por la plata nomás tiene carabina, revólver, zurriagos, mayordomos, concertados; por eso no más va al «extranguero». Por la plata mata, hace llorar a los riejitos de todos los pueblos; se emperra; mira como demonio, ensucia sus ojos con la mala rabia; llora también por la plata nomás. ¿Dónde, dónde estará el alma de los principales?

Y desde lejos le apadrinan; desde lejos vienen soldados para respeto de los principales. Allá, seguro, hay como un padre de todos los patrones y seguro es más grande; seguro tiene rabia y odio no más en su cabeza, en su pecho, en su alma; y Don Ciprián también es mayordomo no más de él... ¡Malhaya vida!

No los había visto. Don Ciprián y Don Jesús pasaron a carrera el puente de Wallpamayu, montando cada
uno sus mejores aguilillos. El overo del patrón empezó
a subir la cuesta a galope y el moro le seguía levantando
la cabeza, arqueando el cuello.

—A la chacra estarán yendo —pensé.

Me oculté tras de un monte de k'antu. Al poco rato
los dos caballos pasaron.

Cuando ya no se oía el ruido de los herrajes, salí al
camino y me fui derecho al pueblo.

Estaba como enfermo, tenía pena.

Yo no era un mak'tillo, despreocupado y alegre
como el Banku. Hijo de misti, la cabeza me dolía a
veces, y pensaba siempre en mi destino, en los comuneros, en mi padre que había muerto no sabía dónde;
en los abusos de Don Ciprián; y los odiaba más que
Teofacha, más que todos los escoleros y los ak'olas.

* * *

Doña Cayetana me frotó las manos con unto, mientras
sus dulces ojos lloraban.

—¡Animal, bien animal es Don Jesús!

—¡Ja, caraya! Yo soy hombrecito de verdad, Doña
Cayetana; eso no me duele; más bien he escapado de
Jatunrumi. Don Jesús, aunque perro, me ha librado.

Pero la Doña no se convencía; sus lágrimas chorrea-
ban sobre su monillo, como si ya me hubiera muerto.
De su cajón de retazos sacó un pedazo de tocuyo nuevo
y empezó a vendarme la mano. En ese momento llegó a
la cocina Doña Josefa. La patrona se asustó viendo mis
heridas y me llevó a su cuarto para curarme.

El cuarto de la patrona estaba a continuación de la
sala; tenía una sola puerta, era oscuro. La ventana que
se abría al coso de Don Ciprián era chica y alta, apenas
alumbraba un poco. El catre en que dormían los principales parecía una casa, tenía techo en forma de cúpula y
una corona en la punta; era bien alta y ancha. En un

rincón del dormitorio tenía Doña Josefa una vitrina donde guardaba sus remedios.

—Sabe Dios cómo te habrán herido; bueno, eso no importa —dijo Doña Josefa.

Con un algodón echó yodo a mis heridas. El ardor me hizo saltar lágrimas. Después me envolvió las manos con un trapo suave.

—Don Ciprián se ha ido a las punas con el mayordomo; de cuatro días van a regresar —me dijo.

—¿Cierto, señoray?

—¿Te alegras?

—Don Ciprián tiene mala voluntad para mí, mamaya.

—La verdad es la verdad, Juan.

—A ti sí te quiero, mamita.

—Esta noche vamos a cantar con guitarra en el corredor.

—¡No hay herida, mamay! ¡No hay herida! ¡Alegría no más hay en mi pecho, en mi mano también!

Casi grité en el cuarto de la patrona. Quería bailar; como si toda mi vida hubiera estado en jaula y de repente fuera libre. Quería echarme a correr gritando, abriendo los brazos, como los patitos del río grande.

—Sentado tienes que estar todo el día, por tu herida.

—¡No, mamaya!

Escapé a la carrera del cuarto; de un salto pasé las gradas del corredor y me di una vuelta en el patio. El sol reía sobre la tierra blanca de las paredes.

Doña Josefa salió al corredor y me miró seria. Un poco avergonzado, subí las gradas y me senté en el poyo.

—Aquí el almuerzo, aquí la comida, mamacha —le dije.

La casa estaba vacía a esa hora. Los concertados venían muy temprano por su coca y se iban en seguida a las chacras. Doña Cayetana y Facundacha eran las únicas que se quedaban para servir a la patrona.

* * *

Así era siempre cuando don Ciprián se iba a las punas; nunca avisaba un día ni dos antes. En la víspera, el mayordomo ocultaba las carabinas en el camino, y por la mañana ensillaba los mejores caballos. Antes de montar Don Ciprián le decía a su mujer el lugar donde iba, y listo.

Esos días en que el patrón recorría las punas eran los mejores en la casa. Los ojos de los concertados, de Doña Cayetana, de Facundacha, de toda la gente, hasta de Doña Josefa, se aclaraban. Un aire de contento aparecía en la cara de todos; andaban en la casa con más seguridad, como dueños verdaderos de su alma. Por las noches había fuego, griterío y música, hasta charango se tocaba. Muchas veces se reunían algunas pasñas y mak'tas del pueblo, y bailaban delante de la señora, rebosando alegría y libertad.

De dos, de tres días, el tropel de los animales en la calle, los ajos roncos y el zurriago de Don Jesús, anunciaban el regreso del patrón. Un velito turbio aparecía en la mirada de la gente, sus caras se atontaban de repente, sus pies se ponían pesados; en lo hondo de su corazón temblaba algo, y un temor frío correteaba en la sangre. Parecía que todos habían perdido su alma.

Al día siguiente empezaban a llegar comuneros de todos los pueblos cercanos y de las alturas; con las caras llorosas, humildes, entraban al patio. Don Ciprián los esperaba, parado en el corredor.

—¡Taytay! —decían—. Mi animalito dice lo has traído.

—¡Tu animalito! ¿Mis pastales son de ti? Las cabras, caballos y vacas de todos ustedes han acabado mis pastales. Una libra. O yo te daré veinte soles de reintegro. Y asunto arreglado.

Don Ciprián no cejaba nunca; se reía del lloriqueo de todo el mundo y siempre salía con su gusto. Los comuneros recibían casi siempre los veinte soles y después se iban agachados, limpiándose las lágrimas con el poncho. Cada vez que veía llorar a esos hombres grandes, me asustaba del corazón de Don Ciprián: «No debe ser igual al de nosotros, decía. Más grande será, y duro.

Grande, pero redondo; pesado, como de un novillo viejo».

¿Y por qué cobraba una libra, dos libras, Don Ciprián? Porque los animales de esos comuneros comieron unos cuantos días la paja seca de una puna indivisa y sin cuidanza, sin cercos. Y ni siquiera se sabía dónde empezaban las punas del patrón y dónde las de las comunidades. Don Ciprián decía no más: «Hasta aquí es de mí». Y todo animal que encontrara dentro del terreno que señalaba con el dedo, se lo llevaba de «daño».

Cada año morían reses en el corral de Don Ciprián. Los comuneros, no todos le respetaban igual; por aquí por allá, había uno que otro individuo valeroso que se paraba de hombre y le contestaba fuerte al principal; no pagaba el «daño». Pero al patrón casi no le molestaba; tranquilo hacía morir de hambre al animal; después lo hacía arrastrar hasta la puerta del dueño. Pero cada animal muerto en su corral agrandaba el odio que le tenían los ak'olas, los lukanas y toda la gente del Distrito. A veces, muy de tarde en tarde, Don Ciprián no encontraba peones; todos los ak'olas se convenían y se negaban a ir a trabajar para el principal. Entonces el patrón rabiaba, se ponía como loco; correteaba a caballo por todas partes, reventando tiros, matando chanchitos mostrencos, perros y hasta vacas. Los comuneros se dejaban ganar con el miedo y se ahumildaban; uno tras otro se sometían.

¡Por eso es mentira lo que dicen los ak'olas sobre el tayta Ak'chi! El ork'o [1] grande es sordo; está sentado como un sonso sobre los otros cerros; levanta alto la cabeza, mira «prosista» a todas partes, y en las tardes se tapa con nubes negras y espesas, para dormir tranquilo. Por las mañanas el tayta Inti le descubre y los cóndores dan vueltas lentamente alrededor de su cumbre. Una vez al año, en febrero, no se deja ver; las nubes de aguacero se cuelgan de todo su cuerpo y el tayta descansa envuelto en una negra noche. Viendo eso, los ak'olas también se equivocan dicen que conversa con el

1 Montaña.

Taytacha Dios y recibe de «El» las órdenes para todo el año. ¡Mentira! El Ak'chi es nada en Ak'ola, Taytacha también es nada en Ak'ola. En vano el orko'o se molesta, en vano tiene aire de tayta, de «Señor»; nada hace en esas tierras; para el paradero de las nubes no más sirve. El Taytacha San José, patrón de Ak'ola, tampoco es dueño del Distrito: en vano el 6 de agosto, los comuneros le sacan en hombros por todas las calles; por gusto en la víspera de su día hacen reventar camaretas desde Suchuk'rumi; en vano le ruegan con voz de criaturas. El también es sordo como el tayta Ak'chi; es amiguero, más bien, del verdadero patrón. Don Ciprián Palomino; porque en su fiesta el principal le besa en la mano, y no como los ak'olas en una punta de la capa; a veces hasta se ríe en su delante y echa ajos roncos con confianza. ¡Don Ciprián, sí! Don Ciprián es rey en Ak'ola, rey malo, con un corazón grande y duro, como de novillo viejo. Don Ciprián se lleva las reses de cualquiera; de él es el agua de todas las acequias; de todas las lagunas, de todos los riachuelos; de él la cárcel. El tayta cura también es concertado de Don Ciprián; porque va de puerta en puerta, avisando a todos los comuneros que se engallinen ante el principal. Don Ciprián hace reventar su zurriago en la cabeza de cualquier ak'ola; no sabe entristecerse nunca y en el hondo de sus ojos arde siempre una luz verde, como el tornasol que prende en los ojos de las ovejitas muertas. Cuando ven la plata no más sus ojos brillan y se enloquecen.

* * *

Todo el día estuve en el corredor, sentado sobre un cuero de llama. El día fue bueno; el sol brilló hasta muy tarde, y no hizo viento. Ya casi al anochecer se elevaron nubes de todas partes y taparon el cielo, pero no pudo llover.

—No —decía—. Esto no es para aguaceros; se va a derretir sin lluvia no más.

Y así fue.

Al oscurecer llegaron los concertados y los peones. Cuando supieron que Don Ciprián se había ido a las punas, se reunieron alegremente en el patio y empezaron a conversar como si estuvieran en su casa.

—Los trigales están bonitos; el año es bueno, Don Tomás.

—Seguro. Ya podrás ahora tapar la barriga a tus seis hijos.

—Seguro. Dice le has palabreado a la Emilacha, de Don Mayta; a ver si el año bueno te hace alcanzar para ella más.

—Como alcahuete eres, Don Tomás. Oliendo, oliendo no más pasas.

Los dos ak'olas se agarraron pico a pico; sin rabiar de veras, tranquilos, se insultaban para hacer reír a los demás.

—Huahua eres Don Tomás. ¿No han visto ustedes a los pollitos? Tienen el trasero inflado, como botija, igual que Don Tomás.

—Espera un ratito, Don José. ¿No le han visto la cara al gato cuando está orinando? ¡Ja, caraya! Bien serio, como un cura en oración se pone; pero causa risa el pobrecito. ¿Mírenle la cara, a ver a Don José?

Don Tomás vencía siempre, tenía fama en Ak'ola, era el campeón del insulto. Los domingos, en los repartos de agua, Don Tomás era principal en la tarde. Antes de empezar el reparto los comuneros le rodeaban. El corredor de la cárcel se llenaba de gente. Uno se atrevía a desafiarle:

—Ya, Don Tomás, si quieres conmigo.

—Pobrecito. No hay para mí en Ak'ola. No le han visto...

Los escoleros nos subíamos a los pilares del corredor para ver la cara que ponía al insultar y para oír mejor. Dos, tres horas se reían los ak'olas; dos, tres horas, mientras Don Ciprián llegaba y mandaba al reparto.

—Este Don Tomás es la alegría de los ak'olas —decían los comuneros.

José Delgado era discípulo de Don Tomás. Los dos

trabajaban de concertados en la casa de Don Ciprián.

La pelea terminó cuando Doña Cayetana hizo llamar a los peones para la cena. Ya en ese momento José Delgado no hablaba; sentado sobre un tronco de molle que servía de estaca para amarrar caballos, oía los insultos de Don Tomás, con la boca abierta, sin reírse, aprendiendo. Los otros mak'tas llenaban la casa a carcajadas; algunos hasta pateaban el suelo y sus risas crecían a cada rato. Para eso estaba lejos el patrón. Nunca se hubieran reído así delante del principal.

En la noche, el cielo se despejó un poco y las estrellas alumbraron alegres el pueblito.

Toda la gente de la casa se reunió en el corredor. Junto a la sala se sentó Doña Josefa, en su sillón grande; en el que servía el 6 de enero para hacer el trono de Herodes. A un lado y a otro, sobre el poyo, algunos concertados que se quedaron para conversar con la patrona. Doña Cayetana, Facundacha y las pasñas Margacha y Demetria, que vinieron a la casa por encargo de la señora, se sentaron juntas.

Sobre una silla bajita pusieron una lámpara.

Casi no nos veíamos la cara; el corredor estaba semioscuro y el silencio de la calle entraba hasta la casa. Desde el fondo de la noche, las estrellas pestañeaban, sus lucecitas se quedaban ahí, pegadas en el cielo negro sin alumbrar nada.

—Margacha. Voy a tocar «Wikuñitay», con Juancha vas a cantar.

Doña Josefa templó su guitarra y empezó a tocar «Wikuñitay».

Sobre las pampas frías, junto al ischu, silbador, recibiendo el agua y la nieve de los temporales, las vicuñitas gritan, mirando tristemente a los viajeros que pasan por el camino. Los indios tienen corazón para este animalito, le quieren, en sus ojos turbios prende una ternura muy dulce cuando se le quedan mirando, allá, sobre los cerros blancos de la puna, mientras ellas gritan con su voz triste y delgada:

Wikuñitay, wikuñita.
¿Por qué tomas el agua amarga de los puquiales?
¿Por qué no bebes mi sangre dulce,
la sal caliente de mis lágrimas?
Wikuñitay, wikuñita.
Wikuñitay, wikuñita.
No llores tanto, porque mi corazón duele;
eres como yo no más, sin padre ni madre, sin hogar;
pero tú siquiera tienes tu nieve blanca, tu manantial
*   amargo*

Ellos se quejan a la vikuñita; a la torcaza, al árbol, al río, le cuentan sus penas. Desde mak'tillos aprendemos a querer a los animales, a los luceros del cielo, al agua de los ríos.

Wikuñitay, wikuñita:
llévame con tu tropa, correremos llorando sobre el ischu,
lloraremos hasta que muera el corazón, hasta que mueran nuestros ojos;
te seguiré con mis pies, al fangal, al río o a los montes de k'eñwa.
Wikuñitay, wikuñita.

—No hay como tú, nadie, cantando tristes. Las tonadas de puna te gustan, como si hubieras nacido en Wanakupampa.

—Tonada de puna es triste, mamacha, igual a mí.

—Pero ahora no estamos para llamar a la puna; más bien, mamita, cantaremos un kachaspari sanjuanino.

—¡Eso es!

—Bueno. Margacha y Crisu que bailen.

Doña Josefa tocó «Lorito», el huayno alegre de la quebrada. Doña Josefa es guitarrista de verdad.

Los dos waynas (jóvenes) empezaron a bailar al estilo sanjuanino: el hombre con el pañuelo en alto, dando vueltas como gallo enamorado alrededor de la pasña; Margacha zapateaba en el mismo sitio, balanceando el cuerpo, coqueteando con Crisucha.

—¡Ya, Juancha! El «Lorito».

Lorito de quebrada, bullicioso,
lorito, amigo de los solteros.
Sílbale, sílbale fuerte,
despiértala, que ya es muy tarde;
grítale, grítale, que ya es muy tarde.

Doña Josefa rasgaba fuerte la guitarra; los concertados y las otras mujeres palmeaban, y le daban ánimo a
la pareja. Sin necesidad de aguardiente y sin chicha,
Doña Josefa sabía alegrarnos, sabía hacernos bailar. Los
comuneros no eran disimulados para ella, no eran callados y sonsos como delante del principal; su verdadero
corazón le mostraban a ella, su verdadero corazón sen-
cillo, tierno y amoroso. ¿Acaso el Crisucha que bailaba
esa noche con tanta prosa, levantando airoso la cabeza
y dando vueltas a Margacha como un gallo fino a sus
gallinas, era igual al otro Crisucha, a ese que saludaba
humilde al patrón, encorvándose, pegándose a la pared
como una chascha frente al Kaisercha?

—¡Don Ciprián es como Satanás! —le dije rabiando a
mi alma—. ¡Su mirar no más engallina a los comuneros!

Esa noche, la bulla de los mak'tas y de las pasñas
alegres no me gustó como otras veces; pensaba mucho
en Don Ciprián; se había clavado muy adentro en mi
vida; por cualquier cosa le recordaba y la rabia hacía
saltar mi corazón. En vez de retozar en el corredor
como una vizcacha alegre, me salí a la calle como quien
va a orinar.

Yo, pues, no era mak'tillo de verdad, bailarín, con el
alma tranquila; no, yo era mak'tillo falsificado, hijo de
abogado; por eso pensaba más que los otros escoleros;
a veces me enfermaba de tanto hablar con mi alma, pero
de Don Ciprián hablaba más. Otras veces sentía como
una luz fuerte en mis ojos.

—¿Y por qué los comuneros no le degüellan en la
plaza, delante de todo el pueblo?

Y me alegraba hasta volverme sonso.

—¡Eso sí! —gritaba—. ¡Como a toro mostrenco, con
el cuchillo grande de Don Kokchi!

Esa noche miré hasta las punas. Las estrellas alumbraban un poco a los cerros lejanos; Osk'onta, Ak'chi, Chitulla parecían durmiendo tranquilos en el silencio.

—¡Estará rajando el lomo de las pobres vaquitas que han entrado de ¡daño» en sus pastales! A una que otra las tumbará de un balazo. Mañana, pasado, llegará aquí, haciendo sonar sus espuelas, mirando enojado con sus ojos verdosos. Después llorarán los viejecitos de Wanakupampa, de Lukanas, de Santiago. ¡Malhaya vida! ¿Por qué los comuneros ak'olas, puquios, andamarkas, lukanas, chilk'es no odiarán a los principales, como yo y Teofacha a Don Ciprián? ¡Como a sapo le reventaríamos la panza a pedradas!

Daba vueltas frente al zaguán del principal; la rabia me calentó la cabeza y como un gato juguetón, daba vueltas, buscando mi sombra.

Hasta el primer canto del gallo, Doña Josefa nos hizo bailar en el corredor. Todos los estilos de huayno cantamos con la guitarra: estilo Puquio, Huamanga, Oyolo, Andamarka, Abancay. Al último Doña Josefa cantó su huayno:

No quieras, hija mía, a hombres de paso,
a esos viajeros que llegan de pueblos extraños.
Cuando tu corazón esté lleno de ternura,
cuando en tu pecho haya crecido el amor,
esos hombres extraños darán media vuelta y te dejarán.
Más bien ama al árbol del camino,
a la piedra que estira su sombra sobre la tierra.
Cuando el sol arda sobre tu cabeza,
cuando la lluvia bañe tu espalda,
el árbol te ha de dar su sombra dulce,
la piedra un lugar seco para tu cuerpo.

Don Ciprián trajo a Doña Josefa desde Chalhuanca; allá fue de viajero, como hombre de paso, y ahora era su señor, como su patrón, porque a ella también la ajeaba y golpeaba. Doña Josefa era humilde, tenía corazón de india, corazón dulce y cariñoso. Era desgraciada con su marido; pero vino a Ak'ola para nuestro bien. Ella nos comprendía, y lloraba a veces por todos nosotros, comenzando por su becerrito Juancha. Por eso los ak'olas le decían mamacha, y no eran disimulados y mudos para ella.

—Mamacha, no cantes eso —le dijimos todos.

Destempló rápidamente todas las cuerdas de su guitarra y se bajó de la silla.

—Ya ha cantado el gallo.

Los concertados y las pasñas se despidieron de Doña Josefa, estrechándole la mano con respeto.

—Que duermas bien, mamita, suéñate con el cielo —dijo Doña Cayetana.

Yo me guardé para el último.

Cuando nos quedamos solos me acerqué a mi patrona y casi en secreto le dije al oído:

—¡Mamita! ¿Por qué será tan perro Don Ciprián? Le odio, mamay, porque te pega en tu cara de mamacha, porque quiere llevarse a la Gringa hasta el extranjero, porque es perro y sucio.

En los ojos de la mamacha prendió una honda tristeza, todo el amargo de su vida se apretó en sus ojos.

—¡Pero los indios te quieren, mamita! Comuneros saben que tu corazón es bueno. Para nosotros eres, no para Don Ciprián.

—Yo soy para necesitados, Juancha. ¡Mamacha Candelaria que me bendiga!

La tristeza de sus ojos se apagó de repente cuando se acordó de la Virgen, y una humildad de chascha se reflejó en su cara.

—¡Mamacha Candelaria!

Los gallos cantaron otra vez. La abracé a mi patrona y me fui a dormir. Casi ya no tenía rabia, ni pena; Doña Josefa me contagió su humildad y me dormí bien, como buen mak'tillo.

* * *

—Don Ciprián se ha ido a las punas.

—Don Ciprián ha ido de «viague».

Los ak'olas hablaban con alegría de la ausencia del principal; sólo algunos que tenían animales en los pastales de la puna estaban tristes; pero eran pocos. Ak'ola casi no tiene punas; las estancias de Don Ciprián pertenecen a Lukanas, el pueblo más próximo al Distrito de Ak'ola. Don Ciprián se apoderó por la fuerza de las tierras comunales de Lukanas, les hizo poner cercos y después trajo al Juez y el Subprefecto de la Provincia; las dos autoridades le dieron papeles y desde ese momento Don Ciprián fue dueño verdadero de Lukanas y Ak'ola. Pero el patrón vivía en Ak'ola porque el pueblecito está en quebrada y es caliente, Lukanas es puna y allí hace frío. Por eso, cuando Don Ciprián iba a recorrer las punas traía animales de lukaninos, de los wanakupampas y de otras comunidades; de vez en vez caía una vaca de los ak'olas.

Hablando francamente, los ak'olas no se llevaban bien con los lukaninos; todos los años se quitaban el agua, porque los terrenos de los dos pueblos se riegan con el agua de Jatunk'ocha, una laguna grande que pertenece por igual a los dos pueblos. De los siete días de la semana, el yakupunchau jueves era para los ak'olas, el miércoles del Cura y los demás días para el principal, Don Ciprián Palomino. El patrón les daba voluntariamente uno o dos días a los demás mistis de los dos pueblos. Pero los lukanas, apoyados por Don Ciprián querían tapar la laguna desde las tres de la tarde del jueves, y por eso eran las peleas. Desde tiempos antes las dos comunidades se tenían mala voluntad. En carnavales y en la «escaramuza», lukaninos y ak'olas peleaban, como en juego, hondeándose con manzanas desafiándose a látigos; pero en verdad se golpeaban con rabia y todos los años morían uno o dos por bando. Nosotros, los escoleros, también jugábamos a veces imitando a los dos pueblos: nos dividíamos en dos partidos, ak'olas y lukanas, y peleábamos a pedradas y látigos; muchos salían con la cabeza rota y sangrando. En wikullo hacíamos lo mismo; yo era lukana y Bankucha ak'ola.

No había, pues, mucho peligro para los ak'olas cuando el patrón iba a recorrer las punas; al contrario, andaban alegres, libres, animosos; hasta el día era más claro y el pueblo mismo parecía menos pobre.

Pero nosotros los escoleros aprovechábamos mejor el viaje del principal; nos hacíamos dueños de la plaza y del coso del pueblo. Nos reuníamos al atardecer en el corredor de la cárcel. Bankucha organizaba algún juego y gritábamos a nuestro gusto, sin temor a nada, como mak'tas libres. Nos reíamos fuerte, llenábamos el cielo con nuestra alegría.

Esto no se podía hacer cuando Don Ciprián estaba en el pueblo. Entonces jugábamos callados, como sonsos escogíamos los juegos más humildes: la troya, el lek'les, el ak'tok; todos, juegos de tinka (boliches); porque si gritábamos muy fuerte, Don Ciprián salía a la puerta de su tienda que da a la plaza, echaba cuatro ajos con su voz de toro, y todos los mak'tillos escapaban por las esquinas; la plaza quedaba en silencio, vacía, muerta como el alma del patrón.

*   *   *

Llegó el domingo y Don Ciprián no regresaba de las punas.

Bankucha gritó desde el corredor de la cárcel:

—¡Mak'tillukuna: kuchi mansay. (Amansar chanchos.)

Los escoleros ak'olas saltaron de todas partes y corrieron hacia la puerta de la cárcel.

—Dos, tres, cinco, diez —Bankucha silbó fuerte con la uña entre los dientes. Por las cuatro esquinas aparecieron los mak'tillos, corriendo con las manos en alto.

—¡Kuchi mansay!

—¡Bankucha! ¡Mayordomo!

Bankucha contó las cabezas.

—Veintinueve. Completo. A ver: cinco, con Juancha por chancho de Doña Felipa; tres con Teofacha a la Amargura; tres a Bolívar; cuatro a Wanupata... Yo con tres en el Coso. ¡Yaque!

Todas las comisiones volaron con el capataz a la cabeza.

La plaza estaba alegre; en las cuatro esquinas y en la

puerta de las tiendas conversaban separadamente comuneros y mistis.

El cielo estaba limpio y el sol alumbraba, como riéndose de verdad. El pueblo y el campo verde parecían más anchos, más contentos que otras veces. Nosotros, los escoleros ak'olas, corríamos por las calles buscando chanchos mostrencos, con la cara al sol, libres, felices porque el Dios de Ak'ola estaba lejos. Los otros mistis eran nada, calatos, rotosos, sólo cuando estaban borrachos y al lado de Don Ciprián se hacían los hombres y abusaban.

Los comuneros nos veían pasar y se reían a boca llena.

El chancho rubio de Doña Felipa era el padre, el patrón de todos los kuchis ak'olinos; por su tamaño parecía un burro maltón; tenía una trompa larga, casi puntiaguda; orejas anchas como hojas de calabaza; y cuando corría, esas orejas sonaban igual que matracas; pero era flaco y chúcaro, cabizbajo y traicionero. El kuchi de Doña Felipa era para el mayordomo de los escoleros: Banku Pusa.

Doña Felipa era la vieja temible de Ak'ola; vivía solita en un caserón antiguo, frente a un pampón que en tiempo de lluvias se llenaba de agua y formaba laguna. Era beata y tenía para su uso una llave de la iglesia. Decían que todas las noches iba a la iglesia a hacer rezar a las almas. Muchas veces, al amanecer, cuando todo estaba oscuro todavía, yo la encontraba saliendo de la iglesia, toda agachada, envuelta en su pañolón verde y caminando despacito. Los escoleros le teníamos miedo; era muy seria, rabiosa, odiaba a los chiquillos y tenía unos bigotes muy negros y largos. Por eso en comisión por su chancho fui yo con cuatro ayudantes.

—Hay que ser mak'ta para llevar chancho de Doña Felipa.

El chiquero del kuchi estaba frente al caserón de Doña Felipa; la puerta tenía doble pared, era alta; pero entre los cinco botamos las piedras y limpiamos la salida en un rato. Cuando vio la puerta franca, el kuchi agachó la cabeza y pensó un momento; después, dio un salto y escapó a la pampa. Corrimos tras de él, látigo en mano, y lo enderezamos hacia la plaza. El kuchi grande corría tan fuerte como una potranca, era liviano porque estaba flaco; sus orejas sonaban como las matracas de Viernes Santo.

—¡Kuchi! ¡Kuchi! —gritábamos, locos de alegría.

Retozaba el bandido; él también estaba alegre, tiraba hasta lo alto las patas traseras y latigueaba el aire con el rabo.

—¡Ahora te voy a ver, kuchi, cuando Bankucha te monte! —le decíamos los mak'tillos.

Entramos galopando a la plaza. Cuando vieron al kuchi rubio de Doña Felipa, los escoleros se palmearon.

—¡Viva Juancha! ¡Viva el kuchi de Doña Felipa!

Había muchos comuneros en la plaza, parados en las esquinas, en el rollo [1] y en las puertas, miraban sonrientes los preparativos del kuchimansay. Varios principales, con el Gobernador y el Alcalde, tomaban cañazo en la tiendecita de Doña Segunda; hablaban casi gritando y parecía que iban a pelear.

Trabajamos un poco para encerrar al kuchi de Doña Felipa. Cuando entró al coso, los otros chanchitos se arremolinaron y se juntaron en un rincón; le tenían miedo al kuchi grande, pero éste corrió y se entrompó con los chanchos negros; parecía el padre de todos ellos.

Banku, capataz de los escoleros, se fue derecho sobre el chancho grande; nosotros hicimos corral con nuestros cuerpos alrededor de la trompa de chanchos. Los kuchis rozaban la pared con sus trompas y gruñían.

—¡Cuidado, mak'ta! —le gritamos.

¡Era valiente! Saltó como un puma sobre las orejas del kuchi grande.

—¡Yaque!

El chancho pasó como un toro bravo, rompiendo el cerco que hicimos agarrándonos de las manos. Pero el

1   Pared circular que rodeaba y defendía el eucalipto de la plaza.

mayordomo de los escoleros ak'olas era de raza, tenía el
corazón de los comuneros wanakupampas, indios lisos
y bandoleros. El kuchi barría el suelo con el cuerpo del
Banku; pero el mak'ta, de repente, puso una pierna
sobre el lomo filudo del cerdón, se enderezó después y
cruzó las piernas sobre la barriga del kuchi, y gritó:

—¡Abran, carago!

Froilán tiró la puerta del coso y el chancho saltó a la
plaza; todos los escoleros le seguimos.

El kuchi grande de Ak'ola galopó desaforado hacia la
esquina por donde había entrado a la plaza; sacudía al
mak'tillo Banku como a una enjalma.

—¡Que viva el Banku! ¡Viva el kuchi de Doña Felipa!

Los mak'tillos palmeábamos enloquecidos. Teofacha
se lanzó a la carrera tras el chancho y nosotros le seguimos en tropa gritando:

—¡Que viva Banku!

Todos los comuneros de Ak'ola llenaron la plaza,
riendo a carcajadas.

Ya casi al llegar a la esquina, el cerdón se tumbó,
cansado; Banku rodó por encima de la cabeza del chancho y cayó de pecho al suelo; pero se paró ahí mismo;
levantó el brazo derecho y empezó a danzar silbando la
tonada del Tayta Untu.

—¡Que viva Banku, capataz de ak'olas!

—¡Que viva!

Abrimos cancha y el mak'tillo se animó de verdad;
bailó como un maestro danzante; los indios corrieron a
nuestra tropita y todos juntos formamos una tropa
grande de comuneros.

—¡Buena mak'tillo! —decían los comuneros.

—¡Carago! ¡El muchacho va resultar! —dijo Don
Kokchi.

Bankucha sudaba, pero a ratos se animaba más, daba
vueltas como un trompo, sus pies casi no tocaban ya el
suelo. ¡Era un dansak'padre!

Todos los comuneros se callaron; sus ojos miraban
complacidos y amorosos a ese mak'tillo que era hijo de
la comunidad de Ak'ola y sabía danzar igual que los
maestros de Puquio y Andamarka. Pero en ese silencio

sonó fuerte y clara la voz borrachosa de Don Simón Suárez, Alcalde de Ak'ola.

—¡Indios! ¡Carajo!

Los comuneros se revolvieron medio asustados.

—¡Borracho está el misti maldecido! —gritó el Teofacha.

Don Simón quiso venir hacia nosotros, pero bajó mal las gradas de la tienda, se cayó de cabeza y se rompió el hocico en la piedra. Todos los comuneros se rieron.

Pero con Don Ciprián no hubieran podido; él hubiera reventado su balita en la plaza, y los comuneros se hubieran engallinado. Don Ciprián tenía alma de diablo, y le temían los ak'olas. Sólo Teofacha, yo y el Banku estábamos juramentados. No habían principales para nosotros, todos eran mistis maldecidos.

* * *

A media noche tocaron con piedra la puerta del zaguán.

—¡Juancha! ¡Juancha!

Me levanté de un salto.

—¡Juancha! ¡Juancha!

Oí bien claro la voz mandona de Don Ciprián.

Corrí saltando sobre las piedras blancas del patio y llegué al zaguán; en ese momento Doña Josefa prendió la luz en su dormitorio. Levanté el cerrojo y abrí la puerta. Una mancha blanca tropezó con mis ojos.

Don Jesús hizo reventar su zurriago y echó un ajo indio. Primero entró al patio un burro, después el bulto blanco, grande y largo; era una vaca. Sentí miedo.

—Hoy día, por estar ausente Don Ciprián, Teofacha no ha ido por su Gringa... Pero es mentira. De chacra ajena Don Ciprián no va a sacar vaca de nadie.

Los caballos entraron al patio roncando, y golpeando fuerte sus herrajes sobre la piedra. Don Ciprián saltó de su caballo; no tenía espuelas, ni Don Jesús tampoco. Don Ciprián corrió él mismo a la puerta del corral, y la abrió. Don Jesús arreó apurado los dos animales. El patrón regresó rápidamente; subió de un salto los tres

escalones que hay entre el corredor y el patio. Doña
Josefa salió en ese momento al corredor.

—¿Cómo te ha ido, Ciprián?

—Bien, hija. Pero no traigas luz, no hay necesidad.
Jesús: desensilla las bestias, y que Juancha las arree
hasta el canto del pueblo; que las enderece a la pampa,
que no se vayan al camino de la puna.

El patrón y su mujer entraron a la sala.

Yo me acerqué al mayordomo.

—¿Qué tal pues, Juancha? Seguro has jugado estos
días. ¿No?

—Un poco, Don Jesús.

El mayordomo empezó a desensillar las bestias.

—Poco «daño» han traído ahora de las punas, Don
Jesús.

—Lo que has visto no más. Quítale la montura a mi
mula.

Las bestias estaban sudorosas y cansadas. «Parece
que han subido cuesta». Y me asusté peor que antes.
De la puna se viene de bajada y los animales nunca
sudan mucho.

El lomo de la mula estaba húmedo.

Don Jesús tiró las monturas y las bridas sobre el
corredor.

—¡Ya, Juancha!

Le dio un latigazo en el lomo al overo de Don Ciprián, el caballo zafó a la calle y el moro le siguió. Yo
salí después.

Corrí tras de las dos bestias, a carrera abierta. El
overo sonaba fuerte las narices, y galopaba con gran
alegría. ¿Qué le importaba yo a él? Ni sabía que le
seguía, que debía ganarle el camino y espantarlo hacia el
callejón que va a la pampa. Corrían como endemonia-
dos. Yo no los veía bien porque todo estaba oscuro,
pero sentía los golpes de sus herrajes sobre el suelo.

No pude alcanzarlos. Cada vez el tropel de las dos
bestias se sentía más lejos.

—¡Ahora se van a ir arriba! ¡Maldita sea mi suerte!

Me eché a correr más fuerte; tiré el cuerpo adelante e
hice de cuenta que estaba en apuesta con Teófanes, y

que debía ganarle, para que el Banku me abrazara.
Pero en vano. Cuando llegué al canto del pueblo, ya no
sentía los pasos del overo; se perdieron en la oscuridad.

Me paré frente al muro de espinas y le rogué al Tayta
Dios.

—¡Taytay, ojalá se hayan ido derecho a la pampa!

El viento frío que corría por la quebrada me golpeó
en la cabeza. El cielo parecía lleno de un polvo más
negro que el hollín; estaba como duro, me ajustaba por
todas partes. Tuve miedo y regresé a carrera.

La puerta estaba abierta. Entré y le eché cerrojo.

Ya Don Jesús se había ido después de guardar los
aperos.

Cuando iba a entrar a la cocina me acordé de la
Gringa.

—¿Por qué el patrón ha regresado de noche, como
nunca? ¿Por qué ha traído dos animales no más?

Me acerqué a la puerta del corral y miré; enfrente,
junto a la pared, estaba el animal blanco; abrí bien los
ojos y miré mucho rato sin pestañear. Nada. Al poco
rato oí bien claro el rumiar de la vaca.

Sentí deseos de gritar muy fuerte y despertar a todos
los ak'olas.

—¡Gringa de Teofacha está en el corral de Don Ciprián! ¡Gringacha!

Corrí a la cocina.

—¡Juancha! —la Doña se había despertado desde el
principio.

—A la Gringa de Teofacha se la han traído de
«daño».

—¿Le has mirado bien, mak'ta?

—Está muy oscuro. Pero es vaca, mamaya, grande,
blanca, como la Gringa de Teofacha. Hoy no ha
arreado a la Gringa, la ha dejado en su potrero porque
el principal estaba en las punas. A propósito, seguro fue
Don Ciprián, por trampa, para robarse a la «Gringa».
¡Mamaya, ahora se la va a llevar a «estranguero» o la va
a secar de hambre en su corral! En corazón de principal
no hay confianza, peor que de perro rabioso es.

—Capaz no es la Gringa, Juancha. Aunque sea principal, de chacra extraña, no saca animal de otro. Seguro no es la Gringa, seguro.

—Mamitay, ¿de verdad crees que Don Ciprián respeta chacra de otro?

—Como ladrón, a oscuras, no puede sacar a la Gringa del potrero de Teófanes. Don Ciprián es más rabioso. De día hubiera arreado a la Gringa. De noche, como ladrón, no.

—¿Y Don Jesús?

—A solas, Don Jesús hasta nuestros ojos se puede robar; pero con el patrón, no, Juancha.

—Verdad. Otra vez dijo: «Yo soy abusivo, pero no ladrón».

—¡Cuánto animal blanco habrá en punos, mak'tillo!

—¡De cierto, mamaya!

Pero no había ya tranquilidad para mí desde esa hora. Creo que el olor de la Gringa sentí cuando el animal blanco entró al patio; creo que en su aliento la reconocí, porque no le hacía caso a Doña Cayetana, ni lo que yo pensaba.

—¡Es la Gringa! ¡Gringacha!

Mi corazón lloraba. Mi corazón sabía reconocer, hasta en lo negro de la noche, a todos los que quería. Todos los mak'tillos somos iguales.

—¡Nadie ya puede, mamaya, nadie ya puede! Sobre el suelo duro se va secar, poquito a poco, como las otras vaquitas. Sus huesos no más, ya, el Satanás le hará arrastrar hasta la puerta del Teofacha. ¡Pero le voy a matar mamaya, con wikullo de piedra, en el camino que va a la pampa!

Como otras veces, Doña Cayetana me apretó contra su pecho para consolarme.

* * *

En el cielo de Ak'ola brillaban todavía algunas estrellitas; el cielo estaba casi rosado y las nubes extendidas sobre los cerros dormían tranquilas. Los zorzales y todos los pajaritos del pueblo gritoneaban sobre las casas, sobre los árboles; se perseguían aleteando, saltando en los tejados, en los romazales de las calles.

Los ak'olas amanecían para sufrir. Don Ciprián, su dueño, desde la salida del sol, empezaría a echar ajos a todos los comuneros. Sólo los pichiuchas eran alegres, cuando el principal estaba en el pueblo.

Yo empecé ese día en Ak'ola, gritando frente a la puerta de la viuda.

—¡Teofacha, Teofacha! ¡La Gringa creo que está en el corral de Don Ciprián!

Al poco rato apareció Teofacha, asustado, temblando.

—No he visto bien.

Y me eché a correr, calle abajo; el Teofacha me siguió.

Llegamos junto a la pared del corral. En un extremo, la pared tenía varios huecos hasta la cumbre, nosotros lo hicimos para mirar a los «daños».

—Primero tú, Juancha.

Saqué la cabeza por encima del muro. La Gringa estaba echadita sobre el barro podrido del corral. Puse mis brazos sobre el pequeño techo de la pared y la miré largo rato. El Teofacha gritaba desde abajo.

Salté al suelo.

El mak'tillo escaló la pared como un gato.

—¡Gringacha!

Cayó parado sobre el romazal.

Nos miramos frente a frente, al mismo tiempo. Los ojos del Teofacha se redondearon, en el centro apareció un puntito negro, ardiente, después se llenaron de lágrimas.

—¡Ak'ola que llora no sirve!

Me sentía valiente. Mi corazón estaba entero, porque había decidido apedrear a don Ciprián.

—Oye, Teofacha; ahora, temprano, el patrón va a ir a Tullupampa; nosotros le vamos a esperar en el barranco de Capitana; solo va a ir; Don Jesús tiene que llevar peones K'onek'pampa, al barbecho. Con wikullo de piedra se puede romper calavera de toro bravo también. ¿Qué dices?

Teofacha se tiró de pecho contra mí y me apretó entre sus brazos, como si yo le hubiera salvado del rayo. Después me soltó y se puso serio; sus ojos ardían.

—¿Te acuerdas, Juancha, de Don Pascual Puma- yauri? Regresó de la costa y quiso levantar a los ak'olas y a los lukanas contra Don Ciprián. Don Pascual era comunero rabioso, comunero valiente, odiaba como a enemigo a los principales. Pero los ak'olas son maulas, son humildes como gallo cabestro. Le dejaron abalear en Jatunk'ocha a Don Pascual. El quería tapar la laguna para los comuneros, contra el principal; pero Don Ci- prián lo tumbó de espaldas sobre el barro de Ja- tunk'ocha, y en el mismo pecho le metió su balita. Ahora Teófanes y Juancha, mak'tillos escoleros, vamos a vengar a Don Pascual y a la Gringacha. ¡Buen mak'ta, inteligente eres, Juancha!

El Teofacha parecía hombre grande, hombre de cua- renta años, enrabiado, decidido a matar.

—¡Carago!

Con nuestra voz delgada de escoleros hablamos el ajo indio. En nuestro adentro nos sentíamos de más valer que todos los ak'olas, que todos los lukanas, que los sondondinos, los andamarkas.

—¡A Satanás le vamos a tumbar!

Como fiesta grande había en nuestra alma. La rabia y el cariño se encontraban en nuestro corazón y calenta- ron nuestra sangre.

* * *

Como a los indios de Lukanas, Don Ciprián recibió a la viuda; parado en el corredor de su casa, con gesto de fastidio y desprecio.

—Tu vaca ha comido en mi potrero, y por la lisura cobro veinte soles —gritó antes que hablara la viuda.

—¿En qué potrero, Don Ciprián? La Gringa ha es- tado en mi chacra, y de ahí la has sacado, anoche, como ladrón de Talavera.

El Teofacha le tapó la boca.

—¡Déjale, mamitay!

Pero la viuda quiso subir las gradas y arañar al principal.

—¡Talacho, ladrón!

El Teofacha ya había hablado con su alma, y se había juramentado. Su corazón estaba esperando y estaba frío como el agua negra de Torkok'ocha. Sin hablar nada, sin mirar a nadie, arrastró a su vieja hasta afuera y siguió con ella, calle arriba. Yo iba a seguirlos.

—¡Juancha!

Me acerqué hasta las gradas. El patrón no tenía ya la mirada firme y altanera con que asustaba a los lukanas; parecía miedoso ahora, acobardado, su cara se puso más blanca.

—Dile a la viuda que le voy a mandar ochenta soles por la Gringa. De verdad la Gringa no ha hecho daño en mi potrero, pero como principal quería que Doña Gregoria me vendiera su vaca, porque para mí debe ser la mejor vaca del pueblo. Si no, de hombre arrearé a la Gringa hasta Puerto Lomas, junto con el ganado. ¡Vas a regresar ahí mismo!

Yo sabía que la viuda no vendería nunca a la Gringa, pero corrí para obedecer a Don Ciprián y por hablar con el Teofacha.

La viuda y el escolero llegaban ya a la puerta de su casa, cuando los alcancé. Las calles estaban vacías y sólo dos mujeres lloraban siguiendo a la viuda. El Teofacha temblaba, parecía tercianiento.

—Doña Gregoria: Don Ciprián dice que te va a dar ochenta soles por tu vaca. Dice que de verdad no ha hecho daño y la ha sacado de tu potrero, porque es principal y quiere tener la mejor vaca del pueblo. Si no le vendes dice va a llevar a la Gringa hasta el extranjero.

—¡Que se lleve, el talacho!

—¡Talacho! —gritó el Teofacha.

Regresé otra vez a la carrera. El principal estaba en la puerta, esperándome.

—La viuda no quiere. Dice eres talacho, Don Ciprián.

El patrón levantó su cabeza con rabia y se fue, apurado, a la puerta del corral; la abrió de una patada y entró. Yo le seguí.

Don Ciprián se acercó hasta la Gringa sacó su revólver, le puso el cañón en la frente e hizo reventar dos tiros. La vaca se cayó de costado, y después pataleó con el lomo en el suelo.

—¡K'anra! [1] —grité.

Don Ciprián me miró como a una cría de perro: metió el revólver en su funda y salió al patio.

—¡Mamacha, Gringacha!

Me eché al cuello blanco de la Gringa y lloré, como nunca en mi vida. Su cuerpo caliente, su olor a leche fresca se acababan poco a poco, junto con mi alegría. Me abracé fuerte a su cuello, puse mi cabeza sobre su orejita blanda, y esperé morirme a su lado, creyendo que el frío que le entraba al cuerpo iba a llegar hasta mis venas, hasta la luz de mis ojos.

* * *

Ese mismo día, Don Ciprián nos hizo llevar a látigos hasta la cárcel. Los comuneros más viejos del pueblo no recordaban haber visto nunca a dos escoleros de doce años tumbados sobre la paja fría que ponen en la cárcel para la cama de los indios presos.

En un rincón oscuro, acurrucados, Juancha y Teofacha, los mejores escoleros de Ak'ola, los campeones en wikullo, lloramos hasta que nos venció el sueño.

Don Ciprián fueteó, escupió, hizo llorar y exprimió a los indios, hasta que de puro viejo ya no pudo ni ver la luz del día. Y cuando murió, lo llevaron en hombros, en una gran caja negra con medallas de plata. El tayta Cura cantó en su tumba, y lloró, porque fue su hermano en la pillería y en las borracheras. Pero el odio sigue hirviendo con más fuerza en nuestros pechos y nuestra rabia se ha hecho más grande, más grande...

---

1 «Sucio». Es un terrible insulto en quechua.

Noche de luna en la quebrada de Viseca.

Pobre palomita, por dónde has venido,
buscando la arena por Dios, por los cielos.

—¡Justina! ¡Ay, Justinita!

En un terso lago canta la gaviota,
memoria me deja de gratos recuerdos.

—¡Justinay, te pareces a las torcazas de Sausiyok'!
—¡Déjame, niño, anda donde tus señoritas!
—¿Y el Kutu? ¡Al Kutu le quieres, su cara de sapo te gusta!
—¡Déjame, niño Ernesto! Feo, pero soy buen laceador de vaquillas y hago temblar a los novillos de cada zurriago. Por eso Justina me quiere.

La cholita se rió, mirando al Kutu; sus ojos chispeaban como dos luceros.

—¡Ay Justinacha!

—¡Sonso, niño sonso! —habló Gregoria, la cocinera.
Celedonia, Pedrucha, Manuela, Anitacha... soltaron
la risa; gritaron a carcajadas.

—¡Sonso niño!

Se agarraron de las manos y empezaron a bailar en
ronda, con la musiquita de Julio el charanguero. Se
volteaban a ratos, para mirarse, y reían. Yo me quedé
fuera del círculo, avergonzado, vencido para siempre.

Me fui hacia el molino viejo; el blanqueo de la pared
parecía moverse, como las nubes que correteaban en las
laderas del Chawala. Los eucaliptus de la huerta sonaban con ruido largo e intenso; sus sombras se tendían
hasta el otro lado del río. Llegué al pie del molino, subí
a la pared más alta y miré desde allí la cabeza del Chawala: el cerro medio negro, recto, amenazaba caerse
sobre los alfalfares de la hacienda. Daba miedo por las
noches; los indios nunca lo miraban a esas horas y en
las noches claras conversaban siempre dando las espaldas al cerro.

—¡Si te cayeras de pecho, tayta Chawala, nos mori-
ríamos todos!

En medio del witron [1] [*], Justina empezó otro canto:

> Flor de mayo, flor de mayo,
> flor de mayo primavera,
> por qué no te liberaste
> de esa tu falsa prisionera.

Los cholos se habían parado en círculo y Justina
cantaba al medio. En el patio inmenso, inmóviles sobre
el empedrado, los indios se veían como estacas de ten-
der cueros.

—Ese puntito negro que está al medio es Justina. Y
yo la quiero, mi corazón tiembla cuando ella se ríe,
llora cuando sus ojos miran al Kutu. ¿Por qué, pues,
me muero por ese puntito negro?

1   Patio grande (WK 1933).
*   El witron estaba cubierto de lajas y era destinado originalmente
al acopio de material para extraer metales. Esta palabra deriva, sin
duda de la española buitrón (nc).

Los indios volvieron a zapatear en ronda. El charanguero daba voces alrededor del círculo, dando ánimos,
gritando como potro enamorado. Una paca-paca empezó a silbar desde un sauce que cabeceaba a la orilla
del río; la voz del pájaro maldecido daba miedo. El
charanguero corrió hasta el cerco del patio y lanzó pedradas al sauce; todos los cholos le siguieron. Al poco
rato el pájaro voló y fue a posarse sobre los duraznales
de la huerta; los cholos iban a perseguirle, pero Don
Froilán apareció en la puerta del witron.

—¡Largo! ¡A dormir!

Los cholos se fueron en tropa hacia la tranca del
corral; el Kutu se quedó solo en el patio.

—¡A ése le quiere!

Los indios de Don Froilán se perdieron en la puerta
del caserío de la hacienda, y Don Froylán entró al patio
tras de ellos.

—¡Niño Ernesto! —llamó el Kutu.

Me bajé al suelo de un salto y corrí hacia él.

—Vamos, niño.

Subimos al callejón por el lavadero de metal que iba
desmoronándose en un ángulo del witron; sobre el lavadero había un tubo inmenso de fierro y varias ruedas
enmohecidas, que fueron de las minas del padre de Don
Froilán.

Kutu no habló nada hasta llegar a la casa de arriba.

La hacienda era de Don Froylán y de mi tío; tenía
dos casas. Kutu y yo estábamos solos en el caserío de
arriba; mi tío y el resto de la gente fueron al escarbe de
papas y dormían en la chacra, a dos leguas de la hacienda.

Subimos las gradas, sin mirarnos siquiera; entramos
al corredor, y tendimos allí nuestras camas para dormir
alumbrados por la luna. El Kutu se echó callado; estaba
triste y molesto. Yo me senté al lado del cholo.

—¡Kutu! ¿Te ha despachado Justina?

—¡Don Froylán la ha abusado, niño Ernesto!

—¡Mentira, Kutu, mentira!

—¡Ayer no más la ha forzado; en la toma de agua,
cuando fue a bañarse con los niños!

—¡Mentira, Kutullay, mentira!

Me abracé al cuello del cholo. Sentí miedo; mi corazón parecía rajarse, me golpeaba. Empecé a llorar. Como si hubiera estado solo, abandonado en esa gran quebrada oscura.

—¡Déjate, niño! Yo, pues, soy «endio», no puedo con el patrón. Otra vez, cuando seas «abugau», vas a fregar a Don Froylán.

Me levantó como a un becerro tierno y me echó sobre mi catre.

—¡Duérmete, niño! Ahora le voy a hablar a Justina para que te quiera. Te vas a dormir otro día con ella, ¿quieres, niño? ¿Acaso? Justina tiene corazón para ti, pero eres muchacho todavía, tiene miedo porque eres niño.

Me arrodillé sobre la cama, miré al Chawala que parecía terrible y fúnebre en el silencio de la noche.

—¡Kutu: cuando sea grande voy a matar a Don Froylán!

—¡Eso sí, niño Ernesto! ¡Eso sí! ¡Mak'tasu!

La voz gruesa del cholo sonó en el corredor como el maullido del león que entra hasta el caserío en busca de chanchos. Kutu se paró; estaba alegre, como si hubiera tumbado al puma ladrón.

—Mañana llega el patrón. Mejor esta noche vamos a Justina. El patrón seguro te hace dormir en su cuarto. Que se entre la luna para ir.

Su alegría me dio rabia.

—¿Y por qué no matas a Don Froylán? Mátale con tu honda, Kutu, desde el frente del río, como si fuera puma ladrón.

—¡Sus hijitos, niño! ¡Son nueve! Pero cuando seas «abugau» ya estarán grandes.

—¡Mentira, Kutu, mentira! ¡Tienes miedo, como mujer!

—No sabes nada, niño. ¿Acaso no he visto? Tienes pena de los becerritos, pero a los hombres no los quieres.

—¡Don Froylán! ¡Es malo! Los que tienen hacienda son malos; hacen llorar a los indios como tú; se llevan las vaquitas de los otros o las matan de hambre en su corral. ¡Kutu, Don Froylán es peor que toro bravo! Mátale no más, Kutucha, aunque sea con galga, en el barranco de Capitana.

—¡«Endio» no puede, niño! ¡«Endio» no puede!

¡Era cobarde! Tumbaba a los padrillos cerriles, hacía temblar a los potros, rajaba a látigos el lomo de los aradores, hondeaba desde lejos a las vaquitas de los otros cholos cuando entraban a los potreros de mi tío, pero era cobarde. ¡Indio perdido!

Le miré de cerca: su nariz aplastada, sus ojos casi oblicuos, sus labios delgados, ennegrecidos por la coca. ¡A éste le quiere! Y ella era bonita: su cara rosada estaba siempre limpia, sus ojos negros quemaban; no era como las otras cholas, sus pestañas eran largas, su boca llamaba al amor y no me dejaba dormir. A los catorce años yo la quería; sus pechitos parecían limones grandes, y me desesperaban. Pero ella era de Kutu, desde tiempo; de este cholo con cara de sapo. Pensaba en eso y mi pena se parecía mucho a la muerte. ¿Y ahora? Don Froylán la había forzado.

—¡Mentira, Kutu! ¡Ella misma, seguro, ella misma!

Un chorro de lágrimas saltó de mis ojos. Otra vez el corazón se sacudía, como si tuviera más fuerza que todo mi cuerpo.

—¡Kutu! Mejor la mataremos los dos a ella, ¿quieres?

El indio se asustó. Me agarró la frente: estaba húmeda de sudor.

—¡Verdad! Así quieren los mistis.

—¡Llévame donde Justina, Kutu! Eres mujer, no sirves para ella. ¡Déjala!

—Cómo no, niño, para ti voy a dejar, para ti solito. Mira, en Wayrala se está apagando la luna.

Los cerros ennegrecieron rápidamente, las estrellitas saltaron de todas partes del cielo; el viento silbaba en la oscuridad, golpeándose sobre los duraznales y eucaliptos de la huerta; más abajo, en el fondo de la quebrada, el río grande cantaba con su voz áspera.

* * *

Despreciaba al Kutu; sus ojos amarillos, chiquitos, cobardes, me hacían temblar de rabia.

—¡Indio, muérete mejor, o lárgate a Nazca! ¡Allí te acabará la terciana, te enterrarán como a perro! —le decía.

Pero el novillero se agachaba no más, humilde, y se iba a witron, a los alfalfares, a la huerta de los becerros, y se vengaba en el cuerpo de los animales de Don Froylán. Al principio yo lo acompañaba. En las noches entrábamos, ocultándonos, al corral; escogíamos los becerros más finos, los más delicados; Kutu se escupía las manos, empuñaba duro el zurriago, y les rajaba el lomo a los torillos. Uno, dos, tres... cien zurriagazos; las crías se retorcían en el suelo, se tumbaban de espaldas, lloraban; y el indio seguía, encorvado, feroz. ¿Y yo? Me sentaba en un rincón y gozaba. Yo gozaba.

—¡De Don Froylán es, no importa! ¡Es de mi enemigo!

Hablaba en voz alta para engañarme, para tapar el dolor que encogía mis labios e inundaba mi corazón.

Pero ya en la cama, a solas, una pena negra, invencible, se apoderaba de mi alma y lloraba dos, tres horas. Hasta que una noche mi corazón se hizo grande, se hinchó. El llorar no bastaba; me vencían la desesperación y el arrepentimiento. Salté de la cama, descalzo, corrí hasta la puerta; despacio abrí el cerrojo y pasé al corredor. La luna ya había salido; su luz blanca bañaba la quebrada; los árboles rectos, silenciosos, estiraban sus brazos al cielo. De dos saltos bajé al corredor y atravesé corriendo el callejón empedrado, salté la pared del corral y llegué junto a los becerritos. Ahí estaba Zarinacha, la víctima de esa noche; echadita sobre la bosta seca, con el hocico en el suelo; parecía desmayada. Me abracé a su cuello; la besé mil veces en su boca con olor a leche fresca, en sus ojos negros y grandes.

—¡Niñacha, perdóname! ¡Perdóname mamaya!

Junté mis manos y, de rodillas, me humillé ante ella.

—¡Ese perdido ha sido, hermanita, yo no! ¡Ese Kutu canalla, indio perro!

La sal de las lágrimas siguió amargándome durante largo rato.

Zarinacha me miraba seria, con su mirada humilde, dulce.

—¡Yo te quiero, niñacha, yo te quiero!

Y una ternura sin igual, pura, dulce, como la luz en esa quebrada madre, alumbró mi vida.

* * *

A la mañana siguiente encontré al indio en el alfalfar de Capitana. El cielo estaba limpio y alegre, los campos verdes, llenos de frescura. El Kutu ya se iba tempranito, a buscar «daños» en los potreros de mi tío, para ensañarse con ellos.

—Kutu, vete de aquí —le dije—. En Viseca ya no sirves. ¡Los comuneros se ríen de ti, porque eres maula!

Sus ojos opacos me miraron con cierto miedo.

—¡Asesino también eres, Kutu! Un becerrito es como una criatura. ¡Ya en Viseca no sirves, indio!

—¿Yo no más, acaso? Tu también. Pero mírale al tayta Chawala: diez días más atrás me voy a ir.

Resentido, penoso como nunca, se largó al galope en el bayo de mi tío.

Dos semanas después, Kutu pidió licencia y se fue. Mi tía lloró por él, como si hubiera perdido a su hijo.

Kutu tenía sangre de mujer: le temblaba a Don Froylán, casi a todos los hombres les temía. Le quitaron su mujer y se fue a ocultar después en los pueblos del interior, mezclándose con las comunidades de Sondondo, Chacralla... ¡Era cobarde!

Yo, solo, me quedé junto a Don Froylán, pero cerca de Justina, de mi Justinacha ingrata. Yo no fui desgraciado. A la orilla de ese río espumoso, oyendo el canto de las torcazas y de las tuyas, yo vivía sin esperanzas; pero ella estaba bajo el mismo cielo que yo, en esa misma quebrada que fue mi nido. Contemplando sus ojos negros, oyendo su risa, mirándola desde lejitos, era casi feliz, porque mi amor por Justina fue un «warma kuyay» y no creía tener derecho todavía sobre ella; sabía que tendría que ser de otro, de un hombre grande, que manejara ya zurriago, que echara ajos roncos y peleara a látigos en los carnavales. Y como amaba a los animales, las fiestas indias, las cosechas, las siembras con música y jarawi, viví alegre en esa quebrada verde y llena del calor amoroso del sol. Hasta que un día me arrancaron de mi querencia, para traerme a este bullicio, donde gentes que no quiero, que no comprendo.

* * *

El Kutu en un extremo y yo en otro. El quizá habrá olvidado: está en su elemento; en un pueblecito tranquilo, aunque maula, será el mejor novillero, el mejor amansador de potrancas, y le respetarán los comuneros. Mientras yo, aquí, vivo amargado y pálido, como un animal de los llanos fríos, llevado a la orilla del mar, sobre los arenales candentes y extraños.

Otros relatos

El barranco

En el barranco de K'ello-k'ello se encontraron, la tropa de caballos de Don Garayar y los becerros de la señora Grimalda. Nicacha y Pablucha gritaron desde la entrada del barranco:

—¡Sujetaychis! ¡Sujetaychis! (¡Sujetad!).

Pero la piara atropelló. En el camino que cruza el barranco, se revolvieron los becerros, llorando.

—¡Sujetaychis! —Los becerreros Nicacha y Pablucha subieron, camino arriba, arañando la tierra.

Las mulas se animaron en el camino, sacudiendo sus cabezas; resoplando las narices, entraron a carrera en la quebrada; las madrineras atropellaron por delante. Atorándose con el polvo, los becerritos se arrimaron al cerro; algunos pudieron volverse y corrieron entre la piara. La mula nazqueña de Don Garayar levantó sus dos patas y clavó sus cascos en la frente del Pringo. El Pringo cayó al barranco, rebotó varias veces entre los peñascos y llegó hasta el fondo del abismo. Boqueando sangre murió a la orilla del riachuelo.

La piara siguió, quebrada adentro, levantando polvo.

—¡Antes, uno no más, ha muerto! ¡Hubieran gritado, pues, más fuerte! —Hablando, el mulero de Don Garayar se agachó en el canto del camino para mirar el barranco.

—¡Ay señorcito! ¡La señora nos latigueará; seguro nos colgará en el trojal!

—¡Pringuchallaya! ¡Pringucha!

Mirando el barranco, los mak'tillos llamaron a gritos al becerrito muerto.

*   *   *

La Ene madre del Pringo, era la vaca más lechera de la señora Grimalda. Un balde lleno le ordeñaban todos los días. La llamaban Ene porque en el lomo negro tenía dibujada una letra N, en piel blanca. La Ene era alta y robusta; ya había dado a la patrona varios novillos grandes y varias lecheras. La patrona la miraba todos los días, contenta:

—¡Es mi vaca! ¡Mi mamacha! (¡Mi madrecita!).

Le hacía cariño, palmeándola en el cuello.

Esta vez, su cría era el Pringo. La vaquera lo bautizó con ese nombre desde el primer día. El Pringo, porque era blanco entero. El Mayordomo quería llamarlo Misti, porque era el más fino y el más grande de todas las crías de su edad.

—Parece extranjero —decía.

Pero todos los concertados de la señora, los becerreros y la gente del pueblo, lo llamaron Pringo. Es un nombre más cariñoso, más de indios, por eso quedó.

*   *   *

Los becerreros entraron llorando a la casa de la señora. Doña Grimalda salió al corredor para saber. Entonces los becerreros subieron las gradas, atropellándose; se arrodillaron en el suelo del corredor; y, sin decir nada todavía, besaron el traje de la patrona; se taparon la cara con la falda de su dueña, y gimieron, atorándose con su saliva y con sus lágrimas.

—¡Mamitay!

—¡No pues! ¡Mamitay!

Doña Grimalda gritó, empujando con los pies a los muchachos.

—¡Caray! ¿Qué pasa?

—Pringo pues, mamitay. En K'ello-k'ello, empujando mulas de Don Garayar.

—¡«Pringo» pues! ¡Muriendo ya, mamitay!

Ganándose, ganándose, los dos becerreros abrazaron los pies de Doña Grimalda, uno más que otro; querían besar los pies de la patrona.

—¡Ay Dios mío! ¡Mi becerrito! ¡Santusa, Federico, Antonio...!

Bajó las gradas y llamó a sus concertados [1] desde el patio.

—¡Corran a K'ello-k'ello! ¡Se ha desbarrancado el Pringo! ¿Qué hacen esos, amontonados allí? ¡Vayan por delante!

Los becerreros saltaron las gradas y pasaron al zaguán, arrastrando sus ponchos. Toda la gente de la señora salió tras de ellos.

Trajeron cargado al Pringo. Lo tendieron sobre un poncho, en el corredor. Doña Grimalda lloró largo rato, de cuclillas junto al becerrito muerto. Pero la vaquera y los mak'tillos lloraron todo el día, hasta que entró el sol.

—¡Mi papacito! ¡Pringuchallaya!

—¡Ay niñito, súmak'wawacha! (¡Criatura hermosa!).

—¡Súmak'wawacha!

Mientras el Mayordomo le abría el cuerpo con su cuchillo grande; mientras le sacaba el cuerito; mientras hundía sus puños en la carne, para separar el cuero, la vaquera y los mak'tillos seguían llamando:

—¡Niñucha! ¡Por qué, pues!

—¡Por qué, pues, súmak'wawacha!

* * *

1 Peones a sueldo por año.

Al día siguiente, temprano, la Ene bajaría el cerro bramando en el camino. Guiando a las lecheras vendría como siempre. Llamaría primero desde el zaguán. A esa hora ya goteaba leche de sus pezones hinchados.

Pero el Mayordomo le dio un consejo a la señora.

—Así he hecho yo también, mamita, en mi chacra de las punas —le dijo.

Y la señora aceptó.

Rayando la aurora, Don Fermín clavó dos estacas en el patio de ordeñar, y sobre las estacas un palo de lambras. Después trajo al patio el cuerpo del Pringo, lo tendió sobre el palo, estirándolo y ajustando las puntas con clavos, sobre la tierra.

A la salida del sol, las vacas lecheras estaban ya en el callejón llamando a sus crías. La Ene se paraba frente al zaguán; y desde allí bramaba sin descanso, hasta que le abrían la puerta. Gritando todavía pasaba el patio y entraba al corral de ordeñar.

Esa mañana, la Ene llegó apurada; rozando su hocico en el zaguán, llamó a su Pringo. El mismo Don Fermín le abrió la puerta. La vaca pasó corriendo el patio. La señora se había levantado ya, y estaba sentada en las gradas del corredor.

La Ene entró al corral. Estirando el cuello, bramando despacito, se acercó donde su Pringo; empezó a lamerle, como todas las mañanas. Grande le lamía, su lengua áspera señalaba el cuero del becerrito. La vaquera le maniató bien; ordeñándole un poquito humedeció los pezones, para empezar. La leche hacía ruido sobre el balde.

—¡Mamaya! ¡Y'astá, mamaya! —llamando a gritos pasó del corral al patio, el Pablucha.

La señora entró al corral, y vio a su vaca. Estaba lamiendo el cuerito del Pringo, mirándolo tranquila, con sus ojos dulces.

* * *

Así fue, todas las mañanas; hasta que la vaquera y el

Mayordomo se cansaron de clavar y desclavar el cuero del Pringo. Cuando la leche de la Ene empezó a secarse, tiraban nomás el cuerito sobre un montón de piedras que había en el corral, al pie del muro. La vaca corría hasta el extremo del corral, buscando a su hijo; se paraba junto al cerco, mirando el cuero del becerrito. Todas las mañanas lavaba con su lengua el cuero del Pringo. Y la vaquera la ordeñaba, hasta la última gota.

Como todas las vacas, la Ene también, acabado el ordeño, empezaba a rumiar, después se echaba en el suelo, junto al cuerito seco del Pringo, y seguía, con los ojos medio cerrados. Mientras, el sol alto despejaba las nubes, alumbraba fuerte y caldeaba la gran quebrada.

El chaucato ve a la víbora y la denuncia; su lírica voz se descompone. Cuando descubre a la serpiente venenosa lanza un silbido, más de alarma que de espanto, y otros chaucatos vuelan agitadamente hacia el sitio del descubrimiento; se posan cerca, miran el suelo con simulado espanto y llaman, saltando, alborotando. Los campesinos acuden con urgencia, buscan el reptil y lo parten a machetazos. Los chaucatos contemplan la degollación de la víbora y se dispersan luego hacia sus querencias, a sus árboles y campos favoritos. Si la víbora no es alcanzada por los campesinos, los chaucatos se resignan, cambian la voz lentamente, del tono de horror a su cristalina música; y vuelan abriendo y cerrando las alas, como cayendo y levantándose en línea quebrada, a la manera de sus primos, el chihuillo y el guardacaballo costeños, y el zorzal andino.

* * *

El chaucato es campesino; no va a los árboles de las

ciudades; es pardo jaspeado, de pico fino y largo. La
víbora se arrastra sobre el suelo polvoriento del valle;
traza líneas visibles en la tierra.

Cierta tarde, sobre uno de los grandes ficus que dan
sombra al claustro del Colegio, cantó un chaucato. Su
voz transmitía el olor, la imagen del ingente valle. Los
internos jugaban o charlaban. Salcedo se acercó, sorprendido, junto a una columna. Gorjeó nuevamente el
pájaro; el cielo dorado recibió la música y se hizo
transparente, bañado por el débil canto. Varios alumnos corrieron en el patio, persiguiéndose a gritos, y el
chaucato se fue.

Salcedo vino adonde yo estaba.

—He observado que escuchaba usted como yo —me
dijo.

—Sí; se parece al zorzal. Nunca lo había oído cantar
en la ciudad.

Salcedo me causaba turbación, más que a los otros
compañeros del Colegio.

—Es muy extraño que haya venido a cantar aquí
—dijo—. Quisiera hablarle de este pájaro; pero es usted muy callado, y es con quien deseo charlar siempre.

—Nadie le escucha como yo, Salcedo; aunque me
faltan palabras para contestarle bien.

Yo era alumno del primer año, un recién llegado de
los Andes, y trataba de no llamar la atención hacia mí;
porque entonces, en Ica, como en todas las ciudades de
la costa, se menospreciaba a la gente de la sierra ain-
diada y mucho más a los que venían desde pequeños
pueblos.

—El chaucato es un espécimen real; me refiero a la
realeza, no a las cosas —Salcedo hablaba inspirada-
mente, sin mirar casi a su interlocutor—. El chaucato es
un príncipe como de los cuentos. Debe ser algún genio
antiguo, iqueño. Es quizá el agua que se esconde en el
subsuelo de este valle y hace posible que la tierra pro-
duzca tres años, a veces más años, sin ser regada. En el
fondo de la tierra, en los núcleos adonde quizá sólo
llega la raíz de los ficus muy viejos, hay agua cristalina
y fecunda, cargada de la esencia de millones de minera-

les y de los cuerpos carbónicos por los que se filtró a la
manera de un líquido brujo. La voz del chaucato es el
único indicio que bajo el sol tenemos de esa honda
corriente. Yo vi que usted fue *tocado* por el mensaje. El
mensajero es digno de su origen, de su autor. ¿Por qué
el chaucato descubre en el polvo a la víbora, que es del
color del polvo y hecha de fuego maligno? ¡La oposi-
ción absoluta! La víbora brota de una parte especial,
negada, del polvo, que a su vez aprehende los rayos del
sol, de la parte maligna del sol. ¡El agua la niega; apaga
el ardor! Porque en la oscura entraña, bajo la tierra, el
agua fresca, por la temperatura, la soledad y el largo
proceso de empurecimiento, adquiere el poder extremo,
la belleza extrema. ¡El canto que hemos oído!

Yo presentía que al ver hablar tan largamente a Salcedo, y más, conmigo, vendría Wilster a escucharlo, a
buscar algún motivo para provocarlo.

Vino. Lo acompañaba Muñante. Se detuvieron detrás
de mí, frente a Salcedo. Pero él, como siempre, los
ignoró. Aparecieron, los dos, retratados en los grandes
ojos de Salcedo; yo los veía y me sentí intranquilo.
Salcedo siguió hablando con la sapiencia e inspiración
que eran en él tan naturales.

—No conozco al zorzal. Sé que es pardo muy oscuro
y de pico amarillo. Debe tener la misma naturaleza especial que el chaucato. Me gustaría oírlo cantar en los
valles profundos donde vive. ¿Ha escuchado usted al
chaucato al borde del valle de Nazca o Palpa, allí donde
montañas rocosas y no sólo el arenal circundan los
campos sembrados? El color del chaucato es semejante
al de las rocas de la cordillera seca, de los Andes gasta-
dos que se acercan al mar. En esos valles angostos, un
chaucato canta posado en lo alto de un sauce, cerca de
un monte de rocas cubiertas de polvo. Y vibra el fondo
en que su pequeño cuerpo se distingue apenas por su
jaspeado. El color del desierto, de los arenales sueltos
que beben el sol y se recrean ardiendo, está muy cerca,
a dos pasos. El chaucato nunca ha cruzado el desierto
que separa un valle de otro. No sería una buena expe-
riencia llevarlo en una jaula. A mí, en la niñez, me

llevaron por las pampas de Huayurí, a caballo. Los
rondantes arenales, el silencio y el calor, tantos, no
debiera sentirlos el hombre en tan tierna edad...

—¡Basta ya! —gritó Wilster a mi espalda—. ¡Charlatán, lora de Nazca!

Y se acercó hasta topar casi su cabeza con la de Salcedo. Corrieron todos los internos hacia el sitio donde
estábamos.

Wilster tenía ojos un poco saltados; era alto y fornido, el más corpulento de los alumnos del quinto año.

Salcedo lo empujó un poco y pudo paralizarlo inmediatamente. ¿Qué influencia ejercía este joven, tan súbita, sobre profesores y estudiantes?

—Mire, Wilster, creo que debo pelear con usted,
formalmente —le dijo—. Ha acumulado un furor clamoroso, ¿no es cierto? A la noche hay luna. Usted y
yo, solos, nos quedaremos detrás de los silos. El único
lugar tranquilo para estos sucesos. Yo aseguraré la
puerta, y nadie entrará. Pero lucharemos con un mínimum de decencia. Medio cuerpo desnudo. Nada de
cabezazos, de patadas en el suelo. Usted puede cebarse
en mí, quizá le dé la oportunidad, o quizá le rompa la
nariz o le reviente más los ojos.

—¡Lo que buscaba! —exclamó Wilster—. Y tras de
los silos. ¡Quizá yo te meta dentro! Y desde abajo recitarás tus sabidurías, con la boca llena de «esencia».
Gran entierro para un futuro Presidente de la República. ¡Muñante; vámonos! —le dijo a su amigo—; después de tantos días de trabajo he conseguido que este...

No pudo pronunciar las otras palabras, porque todos
los internos lo mirábamos. Alzó la cabeza con ademán
despectivo, hizo una señal con la mano a Muñante para
que lo acompañara, y se fue caminando lentamente.
Atravesó el patio; se apoyó en uno de los maderos de la
barra, bajo las ramas inmensas del ficus que se elevaba
en esa esquina; saltó a la barra e hizo varias flexiones
rapidísimas. Al bajar no miró al grupo. Muñante estaba
pendiente de él. Volvió a tomarlo del brazo y se lo llevó
al corral de los silos. Desaparecieron.

Salcedo sonreía. Todos los internos lo miraban con

preocupación. Cuando Wilster y Muñante entraron al corral, Gómez, el cetrino, le dijo a Salcedo:

—Yo seré el Juez.

Los colegiales no encontrábamos cómo decirle algo a Salcedo. Tenía una frente alta; sus cabellos muy ondulados se levantaban como pequeñas olas. Su nariz recta, semejante a la de las máscaras de Herodes que usaban en mi aldea para la representación del día de los Reyes, era armoniosa, como la amplitud y la forma de su frente. La sombra de las altas ramas del ficus llegaba a su rostro. Era el único alumno a quien todos los colegiales le hablaban de usted.

—Yo creo que usted deberá ser el Juez; Wilster lo respetará —contestó Salcedo.

Gómez era el campeón de atletismo en Ica. Su nariz rara, con un caballete increíble, que parecía tener filo; sus ojos hundidos, sus pómulos huesudos y los carrillos descarnados daban a su rostro un aire de ave de rapiña; pero sus negrísimos ojos eran tiernos e infantiles. Gómez hablaba poco. Era cetrino amarillento; sus brazos y piernas eran largos y delgados. Saltaba y corría con agilidad regocijadora. Los niños lo engreían. Su frente tan estrecha tenía algo que hacer con el brillo infantil de sus ojos. Se elevaba en los saltos recogiéndose como una araña. En las carreras dejaba atrás a sus competidores, desde los primeros tramos. Sus pasos parecían saltos; los niños los marcaban con rayas y se enorgullecían cuando alcanzaba la distancia, en saltos con impulso.

Cuando él propuso: «Yo seré el Juez», disipó la intranquilidad que nos aislaba a todos.

Como una grúa de acero fino, Gómez levantaría a Wilster del cuello, si pretendía emplear en la lucha alguna maña traidora. ¡Ellos tres! La mayor parte de los colegiales celebraron la respuesta de Salcedo con un grito.

Pero Gómez no iba a pelear, iba a ser sólo el Juez. Nadie empleó la palabra árbitro o «referee». Y la intervención de Gómez hacía segura la realización del encuentro. ¿En qué favorecía a Salcedo? ¿En qué lo favorecía, si Wilster era más fuerte que él, era valiente y estaba envenenado por la ira?

—Hasta luego, jóvenes —dijo Salcedo. Y empezó a pasearse a lo largo de uno de los corredores del claustro.

«Le va a destrozar la cara —pensaba yo—. Tratará de sacarle sangre de la nariz, de partirle los labios, de cortarle las cejas; de desfigurarlo.»

* * *

Salcedo acostumbraba caminar en el claustro, solo, durante horas. Los días domingo y de fiesta él se quedaba en el Colegio, y leía, mientras paseaba; se detenía a instantes y meditaba. No, no era una simulación; veíamos que meditaba, y luego reiniciaba su paseo. Los profesores le permitían hablar en las clases, a él únicamente. Demostraba teoremas y resolvía problemas de Física, explicando el proceso con fría modestia. A veces ocupaba las horas íntegras de las clases de Historia y Filosofía. Ni los alumnos, ni los maestros se sintieron afectados en nada por las intervenciones de Salcedo. El profesor de Historia era un gran hacendado, doctor en Letras y taurófilo; le llamaban «Camión», porque era alto e inmenso; su voz era un trueno acuoso y regocijante. «¡A ver, el ilustre Salcedo! Usted tiene ideas propias y muy profundas: considera usted a Bolívar y a Hércules como demonios del orgullo; me lo dijo por escrito. Discutamos para satisfacción nuestra y de los 'pequeños' alumnos. Yo pienso que Bolívar...». Y discutían. Cuando tocaban la campana, cerraban la puerta del salón y la discusión continuaba...

Los domingos, de seis a ocho de la noche, la banda municipal ofrecía una retreta en la plaza de armas. Salcedo iba de vez en cuando al parque a oír la música. Unos carteles gigantes colgaban a esa hora en la fachada del cine. Los altos y frondosos ficus enlazan sus ramas en el aire y cubren de infinita sombra, la más clemente, el parque de esa ciudad que flota sobre fuego.

Salcedo caminaba en el parque, lentamente, a orillas de los grupos de jóvenes que llenaban las aceras. Lo conocían todos. Había logrado interesar aún a las grandes familias de la ciudad.

—¡Qué frente tiene!

—¡Qué frente tan ancha!

—¡Esa sí es frente de sabio! —exclamaban, mirándolo con curiosidad no disimulada.

Los alumnos del quinto año usaban entonces bastón, guantes y sara o sombrero ribeteado, de fieltro. La moda para el traje era exagerada; un pantalón, llamado «Oxford», muy ancho y largo, que cubría casi los zapatos; en cambio el saco era ceñido y corto. Los jóvenes del quinto año, hijos de gente adinerada, hacían brillar este conjunto con el cual se pavoneaban, especialmente los días domingos. En el internado, el prepararse para salir a la calle duraba una o dos horas. Salcedo no acató esa moda; vestía al modo corriente, y siempre de dril. No usaba sombrero; quizá por eso era tan observada su brava cabeza, su cabellera levantada y su frente.

Luego de dar una o dos vueltas en el parque principal, iba a los barrios, y se quedaba a pasear en algunas de las otras dos plazas de la ciudad, que eran más pequeñas, sombreadas de ficus menos añosos y de ramas menos espesas.

Estas plazas de los barrios no estaban bien alumbradas ni limpias; las semillas de los árboles se amontonaban en el suelo o en las aceras de losetas; crujían bajo los pies de los transeúntes. Casas de un solo piso, bajas, de paredes ondulantes, pintadas cada una de color diferente: rosado, azul, verde o naranja, parecían formar un marco risueño a las filas cuadrangulares de los grandes árboles. Durante el día, con el sol, en las bajas fachadas resplandecen los colores y los ficus mecen lentamente sus ramas pesadas. De noche, en el centro de la plaza, lucía la luz de la luna o de las estrellas, porque las ramas de los ficus no se entrelazan, como en la plaza mayor.

Casi todos los domingos, a la hora de la retreta, veía a Salcedo caminar solo en la acera principal de algunos de estos parques silenciosos. No se sentaba en los bancos de madera; prefería, a veces, reclinar su cuerpo por unos instantes en el tronco de un ficus, y continuaba, después, caminando. La sombra extensa de los ficus cubría la fachada de las pequeñas casas, aumentaba la oscuridad.

* * *

En el valle de Ica, donde se cultiva la tierra desde hace cinco o diez mil años, y cerca de la ciudad, hay varias lagunas encantadas. La Victoria es la más pequeña: la rodean palmeras de altísimos penachos, y el agua es verde, espesa: natas casi fétidas flotan de un extremo a otro de la laguna. Es honda y está entre algodonales. Aparece singularmente, como un misterio de la tierra; porque la costa peruana es un astral desierto donde los valles son apenas delgados hilos que comunican el mar con los Andes. Y la tierra de estos oasis produce más que ninguna otra de América. Es polvo que el agua de los Andes ha renovado durante milenios cada verano.

En los límites del desierto y el valle están las otras lagunas: Huacachina, Saraja, La Huega, Orovilca.

Altas dunas circundan a Huacachina. Lago habitado en la tierra muerta, desde sus orillas no se ve en el horizonte sino montes filudos de arena. Es extensa y la rodean residencias y hoteles en cuyos patios han cultivado flores y árboles. Ficus gigantes refrescan el aire y dan sombra. Contra la superficie de arena, la fronda murmurante de estos árboles profundos se dibuja. Y quien está bajo su protección siente en el rostro, sobre los ojos, su paternal, su fría lengua; porque las dunas tienen su cimiento en esta orilla arbórea, y el ardor de las arenas estalla en derredor, como un anillo. La gente nada o chapotea en el agua de la laguna, también espesa y de olor penetrante; chapotean y juegan como animales regocijados por estos contrastes, que en lugar de abrumarlos lo calman, lo acarician, le dan una gran alegría. Algunos tullidos, los viejos, los llagados, y otros enfermos de las vísceras se sienten resucitar al estímulo de tanto fuego, de tan extraño mundo. Y vuelven por años desde lejanas ciudades.

Orovilca significa en quechua «gusano sagrado». Es la laguna más lejana de la ciudad; está en el desierto, tras una barrera de dunas. Salcedo iba a bañarse a Orovilca los días domingos por la tarde, en la primavera. Yo lo acompañé algunas veces. Ibamos por los caminos de chacra, porque entre la ciudad y Orovilca no había carretera.

—Caminar en el polvo, entre caballos y peatones, diez horas, veinte horas, no importa —decía—. Los largos caminos pavimentados, empedrados, me abruman. Y no me agrada Huacachina. La ostentación humana me irrita. El pequeño camino, entre sembrados y arbustos, no entre árboles alineados por el hombre, es liberador. En cambio, andar en el desierto, sobre la arena suelta, es una vía segura para buscar la muerte.

Llevábamos una sandía al hombro, cada uno. Salcedo no perdía su compostura a pesar de ir cargando la sandía a la manera de los campesinos. Conversaba con la naturalidad y animación de siempre.

Escalábamos las dunas silenciosas, como dos pequeños insectos, de andar lento. Tramontando las limpias cimas bajábamos a la hondonada de arena en que está el pequeño lago; volcán de agua la llaman, porque es un estanque fresco entre lenguas de arena, quemantes o heladas, de inmortal blancura.

Llegábamos a la orilla de la laguna y Salcedo partía inmediatamente la sandía. Cortaba grandes trozos de la pulpa roja, y la bebía con un apresuramiento que me parecía locura.

—La sed que tengo —me explicó una vez— no debe venir únicamente de mis entrañas, sino de alguna otra necesidad antigua. En Nazca, a estas horas, mi padre se expone al fuego del valle; trota catorce horas diarias recorriendo la hacienda de su patrón. El cree ser dichoso. Yo he caminado por el cauce del río millares de días, para ir a la escuela. El fuego debiera atraerme, pero no en forma de sed. A veces sospecho que un can mítico vive en mí. El espíritu del río cuyo cauce arde diez meses y brama dos en esa agua terrosa. ¡Pero estos patos de Orovilca, que tienen la cresta roja y nadan con tanta armonía, felizmente existen!

Orovilca no tiene aguas densas, puede brillar; la superficie de las otras es opaca. No hay ficus, ni laureles, ni flores; la orillan árboles y yerbas nativas. Huarangos de retorcidos tallos, ramas horizontales y hojas menudas que se tienden como sombrillas; arbustos grises o verdes oscuros que reptan en la base de las dunas, y totorales altos, espesos, de honda entraña, desde donde cantan los patos.

Los huarangos dejan pasar el sol, pero quitándole el fuego. Arbol nativo del campo, el hombre se siente allí, bajo sus troncos y rodeado del mundo seco y brillante, como si acabara de brotar de Orovilca, del agua densa, entre el griterío triunfal de los patos.

Salcedo se tendía de espaldas en la laguna y flotaba durante largo rato. Una arenilla dorada forma ondas difusas en la playa. Es un oro húmedo, opaco; sobre esta superficie metálica encontraba gusanos de caparazones azulados, pequeños escarabajos y lombrices, luego me echaba a nadar, braceando, y un halo de agua verde me rodeaba.

Volvíamos cuando el sol tocaba la cima de las montañas de arena. Cruzábamos el trozo de desierto que separa el valle de la laguna, sin hablar.

Salíamos de la hondonada, y el valle aparecía como un rumoroso mundo, recién descubierto, un oasis donde los pájaros hablaran. Porque la luz del crepúsculo embellece a los seres en la costa, les transmite su armonía, su plácida hondura; no los rasga y exalta como los torrentes de lobreguez y metales llameantes de los crepúsculos serranos.

Salcedo hundía su mirada en el gran campo negruzco y en los confines donde aparecían los Andes; se detenía junto a los grupos de palmeras que crecen sin dueño a la orilla del valle, en la arena, y en los caminos. Arrojando piedras bajábamos algunos dátiles de los elevados racimos.

—¡Qué cabellera tienen las palmeras de Ica! —exclamó Salcedo la última vez que fuimos a Orovilca—. Este es el único valle de América donde caminaron durante unos años los dromedarios y camellos de Africa. Las arenas de

la costa peruana se hunden mucho con las pisadas. Las
bestias de Africa se cansaron y extinguieron.

—A esta hora, junto a las palmeras, debieron verse
animales nativos —le dije.

—Sí, los dromedarios, especialmente, porque tienen la
apariencia de animales deformados por el hombre. Usted
no sabe cuánto ocurre bajo esta luz que nos ilumina como
si fuéramos ángeles. Aquí aprietan con tenazas de aire. El
espacio andino, en cambio, el helado espacio, todo lo
exhibe; se muestran las cosas como sobre un témpano en
cuya superficie la más pequeña cosa camina como una
araña; aquí, el polvo, el sol, amodorran y encubren...
Llega el agua en enero a Nazca, viene despacio y el cauce
del río se hincha lentamente, se va levantando, hasta
formar trombas que arrastran raíces arrancadas de lo
profundo, y piedras que giran y chocan dentro de la
corriente. La gente se arrodilla ante el paso del agua; tocan
las campanas, revientan cohetes y dinamitazos. Arrojan
ofrendas al río, bailan y cantan; recorren las orillas mientras el agua sigue lamiendo la tierra, destruyendo arbustos, llevándose las hojas secas, la basura, los animales
muertos. Después comienza el trabajo y la guerra. En las
grandes haciendas se empoza el agua, cargada de esencias,
como la sangre; y hay campesinos que no alcanzan a regar
y siembran en la tierra seca, con una esperanza como la
mía, que no es sino una sed inclemente. Yo los he visto
llorar en las noches de feroz verano y aun bajo la luz del
sol que repercute en el inmenso Cerro Blanco.

—¿Usted conoce la sierra? —le pregunté.

—Sí. El patrón de mi padre me llevó a cazar vicuñas en
la altura, a 4.200 metros, donde se ven ya chozas de indios
pastores. Hay allí un silencio que exalta las cosas. El
llanto, en tal altura, o un incendio ¡un gran incendio!
perturbarían el mundo.

Lo dejé hablar. Yo no me atrevía a contestarle. Le temía
y me inquietaba; sentía por él un respeto en algo semejante al que me inspiraban los brujos de mi aldea; pero me
calmaba la expresión siempre tranquila de su rostro, de
sus ojos, en que podía seguir el curso de su afán por
encontrar la palabra justa y bella con la que se recreaba.

Porque su oratoria lo envolvía y aislaba. En cualquier momento él podía abandonar a la persona o el grupo con quien hablaba, e irse, a paso lento. Su cabeza tenía expresión, entonces; la llevaba en alto como un símbolo, a la sombra de los claustros o de los grandes ficus o en el patio en que el sol denso hacía resaltar su figura, toda ella pensativa.

* * *

Wilster comenzó a atacarlo, súbitamente.

Wilster había sido durante cuatro años uno de los internos más festejados. Bajo los ficus del patio, cantaba con voz agradable las melodías que estaban de moda: tangos, paso-dobles, jazz «incaicos», valses. Marcaba alborozadamente el ritmo de las danzas, y movía a compás las piernas y la cabeza. Se improvisaban bailes entre los alumnos. Wilster era tenor. Sus canciones predilectas no las habrán olvidado quienes las oyeron en esa sombra baja del claustro: «Y todo a media luz», «Medias finas de seda», «Melenita de oro», «Cuando el indio llora», «Bailando el charlestón»...

Un guitarrista limeño que no conocía la sierra compuso el jazz pentafónico «Cuando el indio llora». De melodía triste y de compás muy norteamericano, aunque lento, esta canción la oíamos en todas partes. Wilster la entonaba melancólicamente. Le escuchábamos, y nadie bailaba. Pero inmediatamente después cantaba un charlestón, y los jóvenes internos atravesaban el patio o recorrían los claustros danzando a toda máquina. Hasta que tocaban la campana que señalaba la hora de entrar al dormitorio.

—Sólo Hortensia Mazzoni baila «Cuando el indio llora» como si fuera una ninfa —dijo cierta vez Wilster.

—Es que no has visto a otras. Ella baila sola, en el salón de su casa. Por los balcones que dan a la plaza de armas podemos verla.

—¿Quién baila sola un jazz? Unicamente ella. Gira como una estrella de cine. ¿Qué hace? —preguntó Wilster.

—Hay que bailar con ella —dijo Gómez.

—Podría usted hacerlo —le dijo Salcedo a Wilster. Es la muchacha más bella de Ica. Y ella no ve que la miran. Su salón está siempre muy iluminado; la calle o la esquina de la plaza quedan en la oscuridad.

—Una rama del ficus de la esquina se extiende justo frente a los dos balcones, y por lo alto.

—Es el privilegio de los árboles. Crezca usted como él, Wilster. —Salcedo rió, y Wilster también.

Unos días después Wilster odiaba a Salcedo y lo acosaba. Y no hubo desde entonces otra preocupación en el internado, que esa lucha. Del sereno, del sabio, armonioso y raro joven de Nazca, vestido siempre de dril; y de su persecutor, el elegante Wilster, cantor y deportista, el que usaba el más llamativo y mejor llevado bastón de Ica.

Wilster andaba perdiendo. No se atrevía, no se atrevía. Descompuso su vida, la revolvió; mientras Salcedo continuaba… Wilster era el sapo, cada vez más el sapo. Empezaban ya a odiarlo.

* * *

Hasta que Salcedo quiso dar fin a la lucha. Parecía que su actitud había sido bien meditada y no era el fruto de su estallido. Pero yo temía que sus cálculos fallaran esta vez. Confiaba mucho en el pensamiento. En cinco años su inteligencia le había dado en el Colegio una autoridad sin límites; pero la armonía entre él y los internos se había quebrado hacía unos instantes, con el desafío.

Lo seguí cuando, tras largo paseo en el claustro, se encaminó al pequeño jardín del internado. Se sentó al borde del pozo que daba agua al Colegio. La polea pendía de un madero rojo de huarango, a poca altura del borde musgoso de la cisterna.

—¿Va usted a trompearse con Wilster? —le pregunté.

—Claro. Yo lo he citado. Tengo ya el candado con que aseguraré la puerta. He estudiado el terreno. Cuatro hojas de calamina cubren la puerta de los cuatro silos. La lucha será detrás de esas casetas.

—Pero usted no se ha trompeado nunca.

—Sin embargo, todos saben que he cultivado con sistema mis músculos. En las pruebas de barra sólo Gómez me supera. Lo derribaré, seguramente. Yo no pienso en que me derribe él. Ninguna esfera puede girar limpiamente... creo. A usted que es callado y tiene otro modo de ser que el nuestro, me refiero a los hombres de estos valles y desiertos, le contaré un secreto... ¿Sabía usted que una corvina de oro viaja entre el mar y Orovilca, nadando sobre las dunas?

—No, Salcedo. Nunca he oído esa historia.

—Sale después de la medianoche. Tiene una cola ramosa y aletas ágiles que la impulsan sobre la arena con la misma libertad que en el agua.

—¿Usted cree en eso?

—Debe ser diez veces más grande que una corvina de mar, pues se la distingue claramente desde el bosque de huarangos hasta que traspone la cima de la gran luna. El brillo de su cuerpo permite ver su figura. Y ¿sabe usted?, en la primavera lleva a Hortensia Mazzoni sentada sobre su lomo, tras de una aleta encrespada que tiene en la línea más alta de su esfera.

—¿A Hortensia Mazzoni? Usted delira.

—Usted conoce la montaña de arena más grande del Pacífico, Cerro Blanco, de Nazca. Al pasar por sus bajíos, ¿no lo ha oído usted cantar al mediodía?

—No. Pero los arrieros que me traen de la sierra a Nazca han oído ese canto. Yo creo que es el viento que forma remolinos de arena en el cerro. He visto esos remolinos; el soplo de sus costados llegaba hasta el camino que pasa a dos leguas de la cumbre.

—Hay en el mundo hombres rígidos que no tocarán las mejillas de ninguna mujer muy bella —exclamó Salcedo, de repente, y se puso de pie—. Somos como la superficie de la corvina de oro, amigo. ¡Qué proa para cortar el aire, la arena, el agua densa! ¡Nada más! ¡Nada más!

Decía la verdad. En el jardín, lirios morados y un árbol de tilo temblaban con el viento; el cielo, casi oscuro ya, nos bañaba, con ese tibio resplandor que calma al hombre, como ningún cielo ni hora en los Andes. Pero Salcedo ¿por qué estaba ausente? Sus ojos tenían una expresión acerada, una especie de decisión para cortar, como un diamante, las flores, y los astros que empezaban a aparecer.

—Lo matará. ¡Matará a Wilster! —pensé.

Me levanté.

—Salcedo —le dije— los indios cuentan historias como ésa. Pero usted no es indio. Es todo lo contrario.

—¡Soy heredero de los griegos! La armonía puede matar, puede cercenar un cuerpo, disiparlo, sin mover una sombra, ¡ni una sombra!

Y se encaminó al comedor. Cuando entraba tocaron la campana.

Los internos no fueron al dormitorio a sacar sus latas de dulce o mantequilla. Ingresaron directamente al comedor. Eramos veintiocho. El inspector-jefe, un viejo calvo, enérgico, veterano de los «montoneros» de Piérola, imponía orden en la mesa.

En menos tiempo que de costumbre terminamos de comer. El viejo nos miró a todos con extrañeza. Fue una comida apresurada y en silencio.

Salimos.

Gómez y Salcedo alcanzaron a Wilster.

—Gómez desea ser testigo. A mí no me importa. Usted decida —dijo Salcedo, casi en voz alta.

—Que sea; pero que no se meta a separarnos. Y que nadie más entre —contestó Wilster.

Los tres fueron por delante.

Llegamos al claustro formando un solo grupo.

Vimos en seguida que el inspector nos observaba. El también entró al claustro. No era su costumbre. A esa hora nos dejaba libres.

Se paró en la esquina, y permaneció allí hasta que vio cómo nos dispersábamos en el patio. Entonces se dirigió hacia el corredor que comunicaba el jardín del internado con el claustro. Pero aún se detuvo allí un rato bajo la luz del foco que alumbraba el corredor.

Quedaba ya muy poco tiempo para la lucha. Los tres guardaban la entrada al corral de los silos. Salcedo entregó las llaves de un pequeño candado a Gómez.

Cuando el inspector desapareció en el corredor entraron los tres al corral; cerraron la puerta por dentro y le pusieron candado. El portero del Colegio echaba otro candado a esa verja, cuando los internos nos recogíamos al dormitorio.

Los alumnos se agolparon junto a la puerta. En la pared blanqueada de los silos había un pequeño foco que alumbraba de frente; pero detrás de las celdas el corral quedaba a oscuras. No veíamos nada. Los alumnos menores no pudieron acercarse a la puerta; yo logré conservar el sitio en el extremo inferior, junto al suelo. Alcanzaba a ver el campo por entre los barrotes de madera.

Gómez apareció y se recostó en la pared. Detrás de los silos empezó la lucha. Oímos las pisadas fuertes en el suelo, y el choque de los cuerpos.

Gómez corrió hacia la sombra.

—Esto no —dijo con voz fuerte.

Debió separarlos porque volvió a su sitio.

—¡Déjalo que se levante! —gritó Gómez desde la pared. Salcedo había caído.

Los alumnos presionaron sobre la puerta.

—¡Déjalo que se levante! —gritó de nuevo Gómez. Y estiró el brazo hacia nosotros pidiendo calma.

Oímos que corrían, que se atropellaban, que giraban tras los silos.

A esa hora la fetidez del corral empezaba a elevarse e invadir el patio; en los barrios de la ciudad, las mujeres echaban el agua sucia a la calzada. Ica era envuelta en un vaho de humedad semi-pútrida. De centenares de silos brotaba un hedor veloz que se expandía en las calles.

—¡Salcedo, amigo mío, caballero, no te hagas golpear! —rogaba yo—. ¡No te dejes!

—¡Salcedo pierde! ¡Echemos abajo la puerta! —dijo un alumno de quinto año, porque vimos a Gómez correr de nuevo, a saltos.

—¡Recita ahora, oyó Demóstenes! ¡Canta, ruiseñor, canta! —Escuchamos la voz de Wilster. Y lo vimos aparecer después, arrastrado por Gómez. Lo traía del cuello. Sus piernas flojas araban el polvo.

—¡Viene muerto!

—¡Desmayado! Gómez le aprieta la garganta.

Y tocaron la campana del Colegio, fuerte. La agitaron, llamando, con urgencia.

Corrieron los más pequeños.

Gómez dejó en el suelo a Wilster; abrió el candado y arrojó el cuerpo sobre las baldosas del claustro. Volvió después al corral. Wilster se levantó; se agarró la garganta y empezó a caminar detrás de los que se iban.

Muñante veía el corral. No siguió a Wilster.

—¡La respiración! ¡Me tapó la respiración! —exclamó Wilster a pocos pasos de la puerta.

Entonces se acercaron hacia él, Muñante y dos o tres jóvenes más.

En ese instante volvieron a tocar la campana.

—¡Viene el inspector! —dijo alguien.

Corrieron los internos. Sólo quedamos en la puerta tres. Y continuaron tocando la campana.

—¡Caballero! Te espero —exclamé yo, despacio—. Te esperaré. ¡Juntos iremos a Orovilca esta noche! ¡Me mostrarás la corvina de oro! La seguiremos convertidos en cernícalos de fuego, como los que salen de la cumbre del Salk'antay en las noches de helada. Pondrás tu mejilla sobre el rostro de esa niña; o la cazarás desde lo alto, con una honda sagrada. La arrebatarás viva o muerta...

Gómez salió, mientras yo hablaba.

—Ya viene —dijo—. Dejémosle un rato. Se está arreglando. No conviene que el inspector lo sorprenda.

Me tomó del brazo. Nos siguieron los demás. Los dedos de Gómez me apretaban. Eran largos y como de acero. Acababan de cortar la respiración de Wilster hasta convertir su fornido cuerpo en una masa inerme.

—¿Qué tiene Salcedo? ¿Le ha roto la nariz, Wilster? —preguntó un alumno.

—Nada, nada fuerte. Un poco de sangre.

El inspector venía.

—¿Por qué demoran? —gritó desde el corredor.

Esperó; nos dejó pasar, y luego de un instante volvió. No se dio cuenta que Salcedo faltaba. La mano de

Gómez seguía prendida de mi hombro; sus dedos se movían como una araña inquieta; vibraban.

—¡Gómez, Gomecitos! ¿Tú has dejado en el suelo a Salcedo? —le pregunté en voz muy baja.

—Sentado —me dijo—. Restañándose la sangre con su camisa.

¡Eso era la muerte! ¡La misma muerte! Sentado en la tierra maloliente, con un inmenso trapo sobre su rostro, en que la sangre no corría, sino que era detenida por sus manos, daba vueltas sobre sus mejillas. ¿Qué podía ser eso, en él, sino la muerte?

El viejo inspector dormía con nosotros. Su catre estaba bajo la imagen de un crucifijo, en un extremo del angosto y largo dormitorio, junto a la puerta. Al pie de la cruz, un foco rojizo daba muy poca luz al dormitorio. La calva del viejo relucía ahora, porque estaba cerca del foco.

—¿Todos? —preguntó.

—Sí, señor —contestó Gómez.

El catre de Salcedo ocupaba el extremo opuesto, pero en la fila. Algunas noches, para enfurecer al inspector, los internos imitaban el aullido de un perro o el canto de los gallos de pelea. Y el viejo bramaba. Insultaba a los alumnos con las palabras más inmundas; se levantaba, envuelto en una larga bata. Caminaba entre los catres; podíamos oír el roncar de su vientre. Salcedo pedía calma; conseguía aplacar a los alumnos y al viejo. El inspector permanecía, después, largas horas, recostado, con los gruesos brazos cruzados, y un gorro tejido que le cubría la coronilla.

No podía imaginarse él que Salcedo faltara nunca al internado.

* * *

Cuando el portero fue a cerrar el corral encontró a Salcedo de pie, recostado en el ficus que crece a ese lado del claustro. Le mostró la sangre de su camisa y le pidió que le dejara salir. Tenía la cara cubierta por otro trapo blanco. Salcedo le explicó que iría solo a la botica, y que volvería en seguida. El portero obedeció, sin decir una palabra. Salcedo caminó con pasos apresurados detrás del portero. Este abrió el postigo del zaguán, y el joven salió, con el saco puesto.

El portero lo esperó hasta la media noche. Luego fue a buscarlo en las calles. El frío de los desiertos rodeaba ya a Ica, la estaba helando. El portero recorrió la ciudad, todos los barrios. No se atrevía a preguntar. Era un negro joven. Al amanecer se echó a llorar, y entró así al dormitorio.

Estábamos despiertos. Yo había vigilado hasta el amanecer. Gómez se sentaba sobre la cama, caminaba unos pasos y volvía a acostarse. Yo no quise ir donde él. Vigilaba la puerta.

Algunos niños presentimos cuando alguien muere; cuando alguien a quien dejamos en grave riesgo no vuelve. Lo esperamos con el corazón oprimido, mientras un insondable pálpito nos hunde en un páramo resonante donde la respuesta mortal, al unísono, canta, sustenta el presagio, lo comunica a nuestra fría materia. Canta en ella como sobre acero, con un tono triste, sin cesar.

Wilster se levantó cuando vio al portero.

—¡Señor inspector! —dijo—. ¡Señor inspector! ¡Despierte!

* * *

No lo encontramos. Yo le dije al inspector que lo buscáramos en el camino de Orovilca al mar. Detrás de los bosques de huarango, entre las malezas que rodean la laguna, huellas ondulantes de víboras hay marcadas en la arena. Las huellas suben algo por la pendiente del desierto. ¡Por allí ha andado él; por ese punto debió iniciar su viaje al mar! Me escucharon como a un niño delirante, como a un muchacho adicto a las apariciones e invenciones, como todos los que viven entre los ríos profundos y las montañas inmensas de los Andes.

¿La corvina de oro? ¿La estela que deja en el desierto? Me tomaron desconfianza. ¿Cómo iba a hablar, entonces, de la hermosa iqueña que viaja entre las dunas agarrándose de unas frías aunque transparentes aletas?

Pero Salcedo, con el rostro ya revuelto, la piel crujiendo bajo la costra de sangre, su cabeza cubierta por una larga camisa rasgada, su nariz y los ojos negros, no iba a volver. Cortaría como un diamante el mar de arenas, las dunas, las piedras que orillan el océano. El mar, por el lado de Orovilca, es desierto, inútil; nadie quería buscar allí, donde sólo los cóndores bajan a devorar piezas grandes. Los cóndores de la costa, vigilantes, casi familiares, despreciables.

La muerte de los Arango

Contaron que habían visto al tifus, vadeando el río, sobre un caballo negro, desde la otra banda donde aniquiló al pueblo de Sayla, a esta banda en que vivíamos nosotros.

A los pocos días empezó a morir la gente. Tras del caballo negro del tifus pasaron a esta banda manadas de cabras por los pequeños puentes. Soldados enviados por la Subprefectura incendiaron el pueblo de Sayla, vacío ya, y con algunos cadáveres descomponiéndose en las casas abandonadas. Sayla fue un pueblo de cabreros y sus tierras secas sólo producían calabazas y arbustos de flores y hojas amargas.

Entonces yo era un párvulo y aprendía a leer en la escuela. Los pequeños deletreábamos a gritos en el corredor soleado y alegre que daba a la plaza.

Cuando los cortejos fúnebres que pasaban cerca del corredor se hicieron muy frecuentes, la maestra nos obligó a permanecer todo el día en el salón oscuro y frío de la escuela.

Los indios cargaban a los muertos en unos féretros

toscos; y muchas veces los brazos del cadáver sobresalían por los bordes. Nosotros los contemplábamos hasta que el cortejo se perdía en la esquina. Las mujeres iban llorando a gritos; cantaban en falsete el ayataki, el canto de los muertos; sus voces agudas repercutían en las paredes de la escuela, cubrían el cielo, parecían apretarnos sobre el pecho.

La plaza era inmensa, crecía sobre ella una yerba muy verde y pequeña, la romaza. En el centro del campo se elevaba un gran eucalipto solitario. A diferencia de los otros eucaliptos del pueblo, de ramas escalonadas y largas, éste tenía un tronco ancho, poderoso, lleno de ojos, y altísimo; pero la cima del árbol terminaba en una especie de cabellera redonda, ramosa y tupida. «Es hembra», decía la maestra. La copa de ese árbol se confundía con el cielo. Cuando lo mirábamos desde la escuela, sus altas ramas se mecían sobre el fondo nublado o sobre las abras de las montañas. En los días de la peste los indios que cargaban los féretros, los que venían de la parte alta del pueblo y tenían que cruzar la plaza, se detenían unos instantes bajo el eucalipto. Las indias lloraban a torrentes, los hombres se paraban casi en círculo con los sombreros en la mano; y el eucalipto recibía a lo largo de todo su tronco, en sus ramas elevadas, el canto funerario. Después, cuando el cortejo se alejaba y desaparecía tras la esquina, nos parecía que de la cima del árbol caían lágrimas, y brotaba un viento triste que ascendía al centro del cielo. Por eso la presencia del eucalipto nos cautivaba; su sombra, que al atardecer tocaba al corredor de la escuela, tenía algo de la imagen, del helado viento que envolvía a esos grupos desesperados de indios que bajaban hasta el panteón. La maestra presintió el nuevo significado que el árbol tenía para nosotros en esos días y nos obligó a salir de la escuela por un portillo del corral, al lado opuesto de la plaza.

El pueblo fue aniquilado. Llegaron a cargar hasta tres cadáveres en un féretro. Adornaban a los muertos con flores de retama; pero en los días postreros las propias mujeres ya no podían llorar ni cantar bien; estaban roncas e inermes. Tenían que lavar las ropas de los muertos para lograr la salvación, la limpieza final de todos los pecados.

Sólo una acequia había en el pueblo; era el más seco, el más miserable de la región, por la escasez de agua; y en esa acequia, de tan poco caudal, las mujeres lavaban en fila los ponchos, los pantalones haraposos, las faldas y las camisas mugrientas de los difuntos. Al principio lavaban con cuidado y observando el ritual estricto del pichk'ay; pero cuando la peste cundió y empezaron a morir diariamente en el pueblo, las mujeres que quedaban, aun las viejas y las niñas, iban a la acequia y apenas tenían tiempo y fuerzas para remojar un poco las ropas, estrujarlas en la orilla y llevárselas, rezumando todavía agua por los extremos.

El panteón era un cerco cuadrado y amplio. Antes de la peste estaba cubierto de bosque de retama. Cantaban jilgueros en ese bosque, y al mediodía, cuando el cielo despejaba quemando al sol, las flores de retama exhalaban perfume. Pero en aquellos días del tifus desarraigaron los arbustos y los quemaron para sahumar el cementerio. El panteón quedó rojo, horadado; poblado de montículos alargados con dos o tres cruces encima. La tierra era ligosa, de arcilla roja oscura.

En el camino al cementerio había cuatro catafalcos pequeños, de barro, con techo de paja. Sobre estos catafalcos se hacía descansar los cadáveres, para que el cura dijera los responsos. En los días de la peste los cargadores seguían de frente; el cura despedía a los muertos a la salida del camino.

Muchos vecinos principales del pueblo murieron. Los hermanos Arango eran ganaderos y dueños de los mejores campos de trigo. El año anterior, Don Juan, el menor, había pasado la mayordomía del santo patrón del pueblo. Fue un año deslumbrante. Don Juan gastó en las fiestas sus ganancias de tres años. Durante dos horas se quemaron castillos de fuego en la plaza. La guía de pólvora caminaba de un extremo a otro de la inmensa plaza, e iba incendiando los castillos. Volaban coronas fulgurantes, cohetes azules y verdes, palomas rojas desde la cima y de las aristas de los castillos; luego las armazones de madera y carrizo permanecieron durante largo rato cruzadas de fuegos de colores. En la sombra, bajo el cielo estrellado de agosto, esos altos surtidores de luces nos parecieron un trozo del firmamento caído a la plaza de nuestro pueblo y unido a él por las coronas de fuego que se perdían más lejos y más alto que la cima de las montañas. Muchas noches los niños del pueblo vimos en sueños el gran eucalipto de la plaza flotando entre llamaradas.

Después de los fuegos, la gente se trasladó a la casa del mayordomo. Don Juan mandó poner enormes vasijas de chicha en la calle y en el patio de la casa, para que tomaran los indios; y sirvieron aguardiente fino de una docena de odres, para los caballeros. Los mejores danzantes de la provincia amanecieron bailando en competencia, por las calles y plazas. Los niños que vieron a aquellos danzantes, el Pachakchaki, el Rumisonk'o, los imitaron. Recordaban las pruebas que hicieron, el paso de sus danzas, sus trajes de espejos ornados de plumas; y los tomaron de modelos, «¡Yo soy Pachakchaki!», «¡Yo soy Rumisonk'o!», exclamaban; y bailaron en las escuelas, en sus casas y en las eras de trigo y maíz, los días de la cosecha.

Desde aquella gran fiesta, Don Juan Arango se hizo más famoso y respetado.

Don Juan hacía siempre de Rey Negro, en el drama de la Degollación que se presentaba el 6 de enero. Es que era moreno, alto y fornido: sus ojos brillaban en su oscuro rostro. Y cuando bajaba a caballo desde el cerro, vestido de rey, y tronaban los cohetones, los niños lo admirábamos. Su capa roja de seda era levantada por el viento; empuñaba en alto su cetro reluciente de papel dorado; y se apeaba de un salto frente al «palacio» de Herodes; «Orreboar», saludaba con su voz de trueno al rey judío. Y las barbas de Herodes temblaban.

El hermano mayor, Don Eloy, era blanco y delgado. Se había educado en Lima; tenía modales caballerescos; leía revistas y estaba suscrito a los diarios de la capital. Hacía de Rey Blanco; su hermano le prestaba un caba-

llo tordillo para que montara el 6 de enero. Era un
caballo hermoso, de crin suelta; los otros galopaban y
él trotaba con pasos largos, braceando.

Don Juan murió primero. Tenía treinta y dos años y
era la esperanza del pueblo. Había prometido comprar
un motor para instalar un molino eléctrico y dar luz al
pueblo, hacer de la capital del distrito una villa mo-
derna, mejor que la capital de la provincia. Resistió
doce días de fiebre. A su entierro asistieron indios y
principales. Lloraron las indias en la puerta del panteón. Eran centenares y cantaron en coro. Pero esa voz
no arrebataba, no hacía estremecer, como cuando cantaban solas, tres o cuatro, en los entierros de sus
muertos. Hasta lloraron y gimieron junto a las paredes,
pero pude resistir y miré el entierro. Cuando iban a
bajar el cajón a la sepultura, Don Eloy hizo una pro-
mesa: «¡Hermano —dijo mirando el cajón, ya deposi-
tado en la fosa—, un mes, un mes nada más, y estare-
mos juntos en la otra vida!». Entonces la mujer de Don
Eloy y sus hijos lloraron a gritos. Los acompañantes no
pudieron contenerse. Los hombres gimieron; las mujeres se desahogaron cantando como las indias. Los caballeros se abrazaron, tropezaban con la tierra de las se-
pulturas. Comenzó el crepúsculo; las nubes se incen-
diaban y lanzaban al campo su luz amarilla. Regresa-
mos tanteando el camino; el cielo pesaba. Las indias
fueron primero, corriendo. Los amigos de Don Eloy
demoraron toda la tarde en subir al pueblo; llegaron ya
de noche.

Antes de los quince días murió Don Eloy. Pero en
ese tiempo habían caído ya muchos niños de la escuela,
decenas de indios, señoras y otros principales. Sólo algunas beatas viejas acompañadas de sus sirvientas iban a
implorar en el atrio de la iglesia. Sobre las baldosas
blancas se arrodillaban y lloraban, cada una por su
cuenta, llamando al santo que preferían, en quechua y
en castellano. Y por eso nadie se acordó después cómo
fue el entierro de Don Eloy.

* * *

Las campanas de la aldea, pequeñas pero con alta ley de oro, doblaban día y noche en aquellos días de mortandad. Cuando doblaban las campanas y al mismo tiempo se oía el canto agudo de las mujeres que iban siguiendo a los féretros, me parecía que estábamos sumergidos en un mar cristalino en cuya hondura repercutía el canto mortal y la vibración de las campanas; y los vivos estábamos sumergidos allí, separados por distancias que no podían cubrirse, tan solitarios y aislados como los que morían cada día.

* * *

Hasta que una mañana Don Jáuregui, el sacristán y cantor, entró a la plaza tirando de la brida al caballo tordillo del finado Don Eloy. La crin era blanca y negra, los colores mezclados en las cerdas lustrosas. Lo habían aperado como para un día de fiesta. Doscientos anillos de plata relucían en el trenzado; el pellón azul de hilos también reflejaba la luz; la montura de cajón, vacía, mostraba los refuerzos de plata. Los estribos cuadrados, de madera negra, danzaban.

Repicaron las campanas, por primera vez en todo ese tiempo. Repicaron vivamente sobre el pueblo diezmado. Corrían los chanchitos mostrencos en los campos baldíos y en la plaza. Las pequeñas flores blancas de la salvia y las otras flores aún más pequeñas y olorosas que crecían en el cerro de Santa Brígida se iluminaron.

Don Jáuregui hizo dar vueltas al tordillo en el centro de la plaza, junto a la sombra del eucalipto; hasta le dio de latigazos y le hizo pararse en las patas traseras, manoteando en el aire. Luego gritó, con su voz delgada, tan conocida en el pueblo:

—¡Aquí está el tifus, montado en el caballo tordillo de Don Eloy! ¡Canten la despedida! ¡Ya se va, ya se va! ¡Aúúú! ¡A ú ú ú!

Habló en quechua, y concluyó el pregón con el aullido de los jarahuis; tan largo, eterno siempre:

—¡Ah... ííí! ¡Yaúúú... yaúúú! ¡El tifus se está yendo ya se está yendo!

Y pudo correr. Detrás de él, espantaban al tordillo algunas mujeres y hombres emponchados, enclenques. Miraban la montura vacía, detenidamente. Y espantaban al caballo.

Llegaron al borde del precipicio de Santa Brígida, junto al trono de la Virgen. El trono era una especie de nido formado en las ramas de un arbusto ancho y espinoso, de flores moradas. El sacristán conservaba el nido por algún secreto procedimiento; en las ramas retorcidas que formaban el asiento del trono no crecían nunca hojas, ni flores ni espinos. Los niños adorábamos y temíamos ese nido y lo perfumábamos con flores silvestres. Llevaban a la Virgen hasta el precipicio, el día de su fiesta. La sentaban en el nido como sobre un casco, con el rostro hacia el río, un río poderoso y hondo, de gran correntada, cuyo sonido lejano repercutía dentro del pecho de quienes lo miraban desde la altura.

Don Jáuregui cantó en latín una especie de responso junto al «trono» de la Virgen, luego se empinó y bajó el tapaojos, de la frente del tordillo, para cegarlo.

—¡Fuera! —gritó—. ¡Adiós calavera! ¡Peste!

Le dio un latigazo, y el tordillo saltó al precipicio. Su cuerpo chocó y rebotó muchas veces en las rocas, donde goteaba agua y brotaban líquenes amarillos. Llegó al río; no lo detuvieron los andenes filudos del abismo.

Vimos la sangre del caballo, cerca del trono de la Virgen, en el sitio en que se dio el primer golpe.

—¡Don Eloy, Don Eloy! ¡Ahí está tu caballo! ¡Ha matado a la peste! En su propia calavera. ¡Santos, santos, santos! ¡El alma del tordillo recibid! ¡Nuestra alma es salvada! ¡Adies millahuay, despidillahuay...! (¡Decidme adiós! ¡Despedidme...!).

Con las manos juntas estuvo orando un rato, el cantor, en latín, en quechua y en castellano.

Llegaban por bandadas las torcazas a la hacienda y el ruido de sus alas azotaba el techo de calamina. En cambio, las calandrias llegaban solas, exhibiendo sus alas; se posaban lentamente sobre los lúcumos, en las más altas ramas, y cantaban.

A esa hora descansaba un rato, Singu, el pequeño sirviente de la hacienda. Subía a la piedra amarilla que había frente a la puerta falsa de la casa; y miraba la quebrada, el espectáculo del río al anochecer. Veía pasar las aves que venían del sur hacia la huerta de árboles frutales.

La velocidad de las palomas le oprimía el corazón; en cambio, el vuelo de las calandrias se retrataba en su alma, vivamente, lo regocijaba. Los otros pájaros comunes no le atraían. Las calandrias cantaban cerca, en los árboles próximos. A ratos, desde el fondo del bosque, llegaba la voz tibia de las palomas. Creía Singu que de ese canto invisible brotaba la noche; porque el canto de la calandria ilumina como luz, vibra como ella, como el rayo de un espejo. Singu se sentaba sobre la piedra. Le extrañaba que precisamente al anochecer se destacara tanto la flor de los duraznos. Le parecía que el sonido del río movía los árboles y mostraba las pequeñas flores blancas y rosadas, aun los resplandores internos, de tonos oscuros, de las flores rosadas.

Estaba mirando el camino de la huerta, cuando vio entrar en el callejón empedrado del caserío, un perro escuálido, de color amarillo. Andaba husmeando con el rabo metido entre las piernas. Tenía «anteojos»; unas manchas redondas de color claro, arriba de los ojos.

Se detuvo frente a la puerta falsa. Empezó a lamer el suelo donde la cocinera había echado el agua con que lavó las ollas. Inclinó el cuerpo hacia atrás; alcanzaba el agua sucia estirando el cuello. Se agazapó un poco. Estaba atento, para saltar y echarse a correr si alguien abría la puerta. Se hundieron aún más los costados de su vientre; resaltaban los huesos de las piernas; sus orejas se recogieron hacia atrás; eran oscuras, por las puntas.

Singu buscaba un nombre. Recordaba febrilmente nombres de perros.

—¡Hijo Solo! —le dijo cariñosamente—. ¡Hijo Solo! ¡Papacito! ¡Amarillo! ¡Niñito! ¡Niñito!

Como no huyó, sino que lo miró sorprendido, alzando la cabeza, dudando, Singuncha siguió hablándole en quechua, con tono cada vez más familiar.

—¿Has venido por fin a tu dueño? ¿Dónde has estado, en qué pueblo, con quién?

Se bajó de la piedra, sonriendo. El perro no se espantó, siguió mirándolo. Sus ojos también eran de color amarillo, el iris negro se contraía sin decidirse.

—Yo, pues soy Singuncha. Tu dueño de la otra vida. Juntos hemos estado. Tú me has lamido, yo te daba queso fresco, leche también; harto. ¿Por qué te fuiste?

Abrió la puerta. Estaba aún ahí el perro, sorprendido, dudando. Puso el plato en el suelo. Hijo Solo se acercó casi temblando. Y bebió la leche. Mientras lamía haciendo ruido con las fauces, sus orejitas se recogieron nuevamente hacia arriba; cerró un poco los ojos. Su hocico, como las puntas de las orejas, era negro, Sin-

guncha puso los dedos de sus dos manos sobre la cabeza del perro, conteniendo la respiración, tratando de
no parecer ni siquiera un ser vivo. No huyó el perro,
cesó por un instante de lamer el plato. También él paralizó su aliento; pero se decidió a seguir. Entonces
Singuncha pudo acariciarle las orejas.

Jamás había visto un animal más desvalido; casi sin
vientre y sin músculos. «¿No habrá vuelto de acompa-
ñar a su dueño, desde la otra vida?», pensó. Pero vién-
dole la barriga y la forma de las patas comprendió que
era aún muy joven. Sólo los perros maduros pueden
guiar a sus dueños cuando mueren en pecado y necesi-
tan los ojos del perro para caminar en la oscuridad de la
otra vida.

Se abrazó al cuello de Hijo Solo. Todavía pasaban
bandadas de palomas por el aire; y algunas calandrias,
brillando.

Hacía tiempo que Singu no sentía el tierno olor de un
perro, la suavidad del cuello y de su hocico. Si el señor
no lo admitía en la casa, él se iría, fugaría a cualquier
pueblo o estancia de la altura, donde podían necesitar
pastores. No lo iban a separar del compañero que Dios
le había mandado hasta esa profunda quebrada escondida. Debía ser cierto que «Hijo Solo» fue su perro en
el mundo incierto de donde vienen los niños. Le había
dicho eso al perro, sólo para engañarlo; pero si él había
oído, si le había entendido, era porque así tenía que
suceder; porque debían encontrarse allí, en Lucas
Huayk'o, la hacienda temida y odiada en cien pueblos.
¿Cómo, por qué mandato Hijo Solo había llegado hasta
ese infierno odioso? ¿Por qué no se había ido, de
frente, por el puente, y había escapado de «Lucas
Huayk'o»?

—¡Gringo! ¡Aquí sufriremos! Pero no será de hambre —le dijo—. Comida hay, harto. Los patrones pe-
lean, matan sus animales; por eso dicen que Lucas
Huayk'o es infierno. Pero tú eres de Singuncha, «endio» sirviente. ¡Jajay! ¡Todo tranquilo para mí! ¡Vuela,
torcacita! ¡Canta, tuyay; tuyacha! ¡Todo tranquilo!

Abrazó al perro, más estrechamente; lo levantó un

poco en peso. Hizo que la cabeza triste de Hijo Solo se apoyara en su pecho. Luego lo miró a los ojos. Estaba aún desconcertado. Sonriendo, Singuncha alzó con una mano el hocico del perro, para mirarlo más detenidamente e infundirle confianza.

Vio que el iris de los ojos del perro clareaba. El conocía cómo era eso. El agua de los remansos renace así, cuando la tierra de los aluviones va asentándose. Aparecen los colores de las piedras del fondo y de los costados, las yerbas acuáticas ondean sus ramas en la luz del agua que va clareando; los peces cruzan sus rayos. Hijo Solo movió el rabo, despacio, casi como un gato; abrió la boca, no mucho; chasqueó la lengua, también despacio. Y sus ojos se hicieron transparentes. No deseaba ver más el Singuncha; no esperaba más del mundo.

Le siguió el perro. Quedó tranquilo, echado sobre los pellejos en que el cholito dormía, junto a la despensa, en una habitación fría y húmeda, debajo del muro de la huerta. Cuando llovía o regaban rezumaba agua por ese muro.

* * *

Quizá los perros conocen mejor al hombre que nosotros a ellos. Hijo Solo comprendió cuál era la condición de su dueño. No salió durante días y semanas del cuarto. ¿Sabía también que los dueños de la hacienda, los que vivían en esta y en la otra banda se odiaban a muerte? ¿Había oído las historias y rumores que corrían en los pueblos sobre los señores de Lucas Huayk'o?

—¿Viven aún los dos? —se preguntaban en las aldeas—. ¿Qué han derrumbado esta semana? ¿Los cercos, las tomas de agua, los andenes?

—Dicen que Don Adalberto ha desbarrancado en la noche doce vacas lecheras de su hermano. Con veinte peones las rodeó y las espantó al abismo. Ni la carne han aprovechado. Cayeron hasta el río. Los pumas y los cóndores están despedazando a los animales finos.

—¡Anticristos!

—¡Y su padre vive!

—¡Se emborracha! ¡Predica como diablo contra sus hijos! Se aloca.

—¿De dónde, de quién vendrá la maldición?

No criaban ya animales caseros ninguno de los dos señores. No criaban perros. Podían ser objetos de venganza, fáciles.

—Lucas Huayk'o arde. Dicen que el sol es allí peor. ¡Se enciende! ¿Cómo vivirá la gente? Los viajeros pasan corriendo el puente.

Sin embargo, Hijo Solo conquistó su derecho a vivir en la hacienda. El y su dueño procedieron con sabiduría. Un perro allí era necesario más que en otros sitios y hogares. Pero los habían matado a balazos, con veneno o ahorcándolos en los árboles, a todos los que ambos señores criaron, en esta y en la otra banda.

Los primeros ladridos de Hijo Solo fueron escuchados en toda la quebrada. Desde lo alto del corredor Hijo Solo ladró al descubrir una piara de mulas que se acercaban al puente. Se alarmó el patrón. Salió a verlo. Singu corrió a defenderlo.

—¿Es tuyo? ¿Desde cuándo?

—Desde la otra vida, señor —contestó apresuradamente el sirviente.

—¿Qué?

—Juntos, pues, habremos nacido, señor. Aquí nos hemos encontrado. Ha venido solito. En el callejón se ha quedado, oliendo. Nos hemos conocido. Don Adalberto no le va a hacer caso. De «endio» es, no es de werak'ocha [1]. Tranquilo va a cuidar la hacienda.

—¿Contra quién? ¿Contra el criminal de mi hermano? ¿No sabes que Don Adalberto come sangre?

—Perro de mí es, pues, señor. Tranquilo va a ladrar. No contra Don Adalberto.

Hijo Solo los escuchaba inquieto. Miraba al dueño de la hacienda, con esa cristalina luz que tenía en los ojos,

---

1 Antiguo Dios supremo de los Incas. Nombra ahora a los individuos de la clase señorial.

desde la tarde en que fue alimentado y saciado por
Singuncha, junto a la puerta falsa de la casa grande.

—Es simpático; chusco. Lo matarán sin duda —dijo
Don Angel—. Se desprecia a los perros. Se les mata
fácil. No hay condena por eso. Que se quede, pues,
Singuncha. No te separes de él. Que ladre poco. Te
cuidará cuando riegues de noche la alfalfa. Enséñale que
no ladre fuerte. Le beberá la sangre, siempre, ese Caín.
¿Cómo se llama? Su ladrar ha traído recuerdos a la
quebrada.

—Hijo Solo, patrón.

Movió el rabo. Miró al dueño, con alegría. Sus ojos
amarillos tenían la placidez de la luz, no del crepúsulo
sino del sol declinante que se posaba sobre las cumbres
ya sin ardor, dulcemente, mientras las calandrias cantaban desde los grandes árboles de la huerta.

«Más fácil es ver aquí un perro muerto. Ya no tengo
costumbre de verlos vivos. Allá él. Quizá mi hermano
los despache a los dos juntos. Volverán al otro mundo,
rápido.»

El dueño de la hacienda bajó al patio, hablando en
voz baja.

No se dieron cuenta durante mucho tiempo. El perro
exploró toda la hacienda, por la banda izquierda que
pertenecía a Don Angel. No escandalizaba. Jugaba en
el campo con el pequeño sirviente. Se perdía en la alfalfa
floreada; corría a saltos, levantaba la cabeza para mirar
a su dueño. Su cuerpo amarillo, lustroso ya, por el
buen rato, resaltaba entre el verde feliz de la alfalfa y las
flores moradas. Singuncha reía.

—¡Hijos de Dios en medio de la maldición! —decía
de ellos la cocinera.

El perro pretendía atrapar a los chiwillos que vivían
en los bosques de retama de los pequeños abismos. El
chiwillo tiene vuelo lento y bajo; da la impresión de
que va a caer, que está cansado. El perro se lanzaba,
anhelante, tras de los chiwillos, cuando cruzaban los
campos de alfalfa buscando los árboles que orillaban las
acequias. El Singuncha reía a cacajadas. La misma ab-
surda pretensión hacía saltar al perro a la orilla del río,

cuando veía pasar a los patos, que eran raros en Lucas
Huayk'o.

Singu era becerrero, ayudante de cocina, guía de las
yuntas de aradores, vigilante de los riegos, espantador
de pájaros, mandadero. Todo lo hacía con entusiasmo.
Y desde que encontró a su perro Hijo Solo fue aún más
diligente. Había trabajado siempre. Huérfano recogido,
recibió órdenes desde que pudo caminar.

Lo alimentaron bien, con suero, leche, desperdicios
de la comida, huesos, papas y cuajada. El patrón lo
dejó al cuidado de las cocineras. Le tuvieron lástima.
Era sanguíneo, de ojos vivos. No era tonto. Entendía
bien las órdenes. No lloraba. Cuando lo enviaban al
campo le llenaban una bolsa con mote [1] y queso. Regresaba cantando y silbando. Los señores peleaban,
procuraban quitarse peones. Los trataban bien por eso.
El otro, Don Adalberto, tenía los molinos, los campos
de cebada y trigo, las aldeas de la hacienda y las minas.
Don Angel, los alfalfares, la huerta, el ganado, el trapi-
che.

Singu no tomaba parte aún en la guerra. La matanza
de animales, los incendios de los campos de trigo, las
peleas se producían de repente. Corrían; el patrón daba
órdenes; traían los caballos. Se armaban de látigos y
lanzas. El patrón se ponía un cinturón con dos fundas
de pistolas. Partían al galope. La quebrada pesaba, el
aire parecía caliente. La cocinera lloraba. Los árboles se
mecían con el viento; se inclinaban mucho, como si
estuvieran condenados a derrumbarse; las sombras vibraban sobre el agua. Singuncha bajaba hasta el puente.
El tropel de los caballos, los insultos en quechua de los
jinetes, su huida por el camino angosto; todo le confir-
maba que en Lucas Huayk'o, de veras, el demonio salía
a desplegar sus alas negras y a batir el viento, desde las
cumbres.

*   *   *

1   Maíz cocido en agua.

Hubo un período de calma en la quebrada; coincidió con la llegada de Hijo Solo.

—Este perro puede ser más de lo que parece —comentó Don Angel semanas después.

Pero sorprendieron a Hijo Solo en medio del puente, al mediodía.

Singuncha gritó, pidió auxilio. Lo envolvieron con un poncho, le dieron de puntapiés.

Oyó que el perro caía al río. El sonido fue hondo, no como el de un pequeño animal que golpeara con su desigual cuerpo la superficie del remanso. A él lo dejaron con un costal sucio amarrado al cuello.

Mientras se arrancaba el costal de la cabeza huyeron los emisarios de Don Adalberto. Los pudo ver aún en el recodo del camino, sobre la tierra roja del barranco.

Nadie había oído los gritos del becerrero. El remanso brillaba; tenía espuma en el centro, donde se percibía la corriente.

Singu miró el agua. Era transparente, pero honda. Cantaba con voz profunda; no sólo ella, sino también los árboles y el abismo de rocas de la orilla, y los loros altísimos que viajaban por el espacio. Singu no alcanzaría jamás a Hijo Solo. Iba a lanzarse al agua. Dudó y corrió después, sacudiendo su pantalón remendado, su ponchito de ovejas. Pasó a la otra banda, a la del demonio Don Adalberto; bajó al remanso. Era profundo pero corto. Saltando sobre las piedras como un pájaro, más ligero que las cabras, siguió por la orilla, mirando el agua, sin llorar. Su rostro brillaba, parecía sorber el río.

¡Era cierto! Hijo Solo luchaba, a media agua. El Singuncha se lanzó a la corriente, en la zona del vado. Pudo sumergirse. Siempre llevaba, a manera de cuchillo, un trozo de fleje que él había afilado en las piedras. Pero el perro estaba ya aturdido, boqueando. El río los llevó lejos, golpeándolos en las cascadas. Cerca del recodo, tras el que aparecían los molinos de Don Adalberto, Singuncha pudo agarrarse de las ramas de un sauce que caían a la corriente. Luchó fuerte, y salió a la orilla, arrastrando al perro.

Se tendieron en la arena. Hijo Solo boqueaba, vomitaba agua como un odre.

Singuncha empezó a temblar, a rechinar los dientes. Tartamudeando maldecía a Don Adalberto, en quechua: «Excremento del infierno, posma del demonio. Que el sol te derrita como a las velas que los condenados llevan a los nevados. ¡Te clavarán con cadenas en la cima de Aukimana; Hijo Solo comerá tus ojos, tu lengua y vomitará tu pestilencia, como ahora! ¡Vamos a vivir, pues!».

Se calentó en la arena el perro; puso su cabeza sobre el cuerpo del Singuncha; moviendo sus «anteojos», lo miraba. Entonces lloró Singu.

—¡Papacito! ¡Flor! ¡Amarillito! ¡Jilguero!

Le tocaba las manchas redondas que tenía en la frente, sus «anteojos».

—¡Vamos a matar a Don Adalberto! ¡Dice Dios quiere! —le dijo.

Sabía que en los bosques de retama y lambras de Los Molinos cantaban las torcazas más hermosas del mundo. Desde centenares de pueblos venían los forasteros a hacer moler su trigo a Lucas Huayk'o, porque se afirmaba que esas palomas eran la voz del Señor, sus criaturas. Hacían turnos que duraban meses, y Don Adalberto tenía peones de sobra. Se reía de su hermano.

—¡Para mí cantan, por orden del cielo, estas palomas! —decía—. Me traen gente de cinco provincias.

* * *

Escondido, Singuncha rezó toda la tarde. Oyó, llorando, el canto de las torcazas que se posaban en el bosque, a tomar sombra.

Al anochecer se encaminó hacia Los Molinos. Pasó frente al recodo del río; iba escondiéndose tras los arbustos y las piedras. Llegó frente al caserío donde residía Don Adalberto; pudo ver los techos de calamina del primer molino, del más alto.

Cortó un retazo de su camisa y lo deshizo, hilo tras hilo; escarmenándolas con las uñas, formó una mota con las hilachas, las convirtió en una mecha suave.

Había escogido las piedras, las había probado. Hicieron buenas chispas; prendieron fuerte aun a plena luz del sol.

Más tarde vendrían «concertados» a la orilla del río, a vigilar, armados de escopetas. Anochecía. Los patitos volaban a poca altura del agua. Singu los vio de cerca; pudo gozar contemplando las manchas rojas de sus alas y las ondas azules, brillantes, que adornaban sus ojos y la cabeza.

—¡Adiós, niñitas! —les dijo en voz alta.

Sabía que el sonido del río apagaría su voz. Pero agarró del hocico al Hijo Solo para que no ladrase. El ladrido de los perros corta todos los sonidos que brotan de la tierra.

Tupidas matas de retama seca escalaban la ladera, desde el río. No las quemaban ni las tumbaban, porque vivían allí las torcazas.

Llegaron palomas en grandes bandadas, y empezaron a cantar.

Singuncha escogió hojas secas de yerbas y las cubrió con ramas viejas de k'opayso y retama. No oía el canto. Su corazón ardía. Hizo chocar los pedernales junto a la mecha. Varios trozos de fuego cayeron sobre el trapo deshilachado y lo prendieron. Se agachó; de rodillas, mientras con un brazo tenía al perro por el cuello, sopló la llama que se formaba. Después, a pocos, sopló. Y casi de pronto se alzó el fuego. Se retorcieron las ramas. Una llamarada pura empezó a lamer el bosque, a devorarlo.

—¡Señorcito Dios! ¡Levanta fuego! ¡Levanta fuego! ¡Dale la vuelta! ¡Cuida! —gritó alejándose, y volvió a arrodillarse sobre la arena.

Se quedó un buen rato en el río. Oyó gritos, y tiros de carabina y dinamita.

Volvió hacia el remanso. Más allá del recodo, cerca del vado, se lanzó al río. Hijo Solo aulló un poco y lo siguió. Llegaban las palomas a esta banda, a la de Don

Angel, volando descarriadas, cayendo a los alfalfares, tonteando por los aires.

Pero Singu se iba ya; no prestaba oído ni atención verdaderos a la quebrada; subía hacia los pueblos de altura. Con su perro, lo tomarían de pastor en cualquier estancia; o el Señor Dios lo haría llamar con algún mensajero, el Jakakllu o el Patrón Santiago. Entonces seguiría de frente, hasta las cumbres; y por algún arco iris escalaría al cielo, cantando a dúo con el Hijo Solo.

—¡Amarillito! ¡Jilguero! —iba diciéndole en voz alta, mientras cruzaban los campos de alfalfa, a la luz de las llamas que devoraban la otra banda de la hacienda.

En la quebrada se avivó más ferozmente la guerra de los hermanos Caínes. Porque Don Adalberto no murió en el incendio.

Estaba tendido en el suelo, sobre una cama de pellejos. Un cuero de vaca colgaba de uno de los maderos del techo. Por la única ventana que tenía la habitación, cerca del mojinete, entraba la luz grande del sol; daba contra el cuero y su sombra caía a un lado de la cama del bailarín. La otra sombra, la del resto de la habitación, era uniforme. No podía afirmarse que fuera oscuridad; era posible distinguir las ollas, los sacos de papas, los copos de lana; los cuyes, cuando salían algo espantados de sus huecos y exploraban en el silencio. La habitación era ancha para ser vivienda de un indio.

Tenía una troje. Un altillo que ocupaba no todo el espacio de la pieza, sino un ángulo. Una escalera de palo de lambras servía para subir a la troje. La luz del sol alumbraba fuerte. Podía verse cómo varias hormigas negras subían sobre la corteza del lambras que aún exhalaba perfume.

—El corazón está listo. El mundo avisa. Estoy oyendo la cascada de Saño. ¡Estoy listo!, dijo el dansak'. «Rasu-Ñiti» [1].

1 Dansak': bailarín; Rasu-Ñiti: que aplasta nieve.

Se levantó y pudo llegar hasta la petaca de cuero en que guardaba su traje de dansak' y sus tijeras de acero. Se puso el guante en la mano derecha y empezó a tocar las tijeras.

Los pájaros que se espulgaban tranquilos sobre el árbol de molle, en el pequeño corral de la casa, se sobresaltaron.

La mujer del bailarín y sus dos hijas que desgranaban maíz en el corredor, dudaron.

—Madre, ¿has oído? ¿Es mi padre, o sale ese canto de dentro de la montaña? —preguntó la mayor.

—¡Es tu padre! —dijo la mujer.

Porque las tijeras sonaron más vivamente, en golpes menudos.

Corrieron las tres mujeres a la puerta de la habitación.

«Rasu-Ñiti» se estaba vistiendo. Sí. Se estaba poniendo la chaqueta ornada de espejos.

—¡Esposo! ¿Te despides? —preguntó la mujer, respetuosamente, desde el umbral. Las dos hijas lo contemplaban temblorosas.

—El corazón avisa, mujer. ¡Llamen al Lurucha y a don Pascual! ¡Que vayan ellas!

Corrieron las dos muchachas.

La mujer se acercó al marido.

—Bueno. ¡Wamani [1] está hablando! —dijo él—. Tú no puedes oír. Me habla directo al pecho. Agárrame el cuerpo. Voy a ponerme el pantalón. ¿Adónde está el sol? Ya habrá pasado mucho el centro del cielo.

—Ha pasado. Está entrando aquí. ¡Ahí está!

Sobre el fuego del sol en el piso de la habitación, caminaban unas moscas negras.

—Tardará aún la chiririnka [2] que viene un poco antes de la muerte. Cuando llegue aquí nos vamos a oírla aunque zumbe con toda su fuerza, porque voy a estar bailando.

Se puso el pantalón de terciopelo, apoyándose en la

---

1 Dios montaña que se presenta en figura de cóndor.
2 Mosca azul.

escalera y en los hombros de su mujer. Se calzó las
zapatillas. Se puso el tapabala y la montera. El tapabala
estaba adornado con hilos de oro. Sobre las inmensas
faldas de la montera, entre cintas labradas, brillaban
espejos en forma de estrella. Hacia atrás, sobre la espalda del bailarín, caía desde el sombrero una rama de
cintas de varios colores.

La mujer se inclinó ante el dansak'. Le abrazó los
pies. ¡Estaba ya vestido con todas sus insignias! Un
pañuelo blanco le cubría parte de la frente. La seda azul
de su chaqueta, los espejos, la tela del pantalón ardían
bajo el angosto rayo de sol que fulguraba en la sombra
del tugurio que era la casa del indio Pedro Huancayre,
el gran dansak' «Rasu-Ñiti», cuya presencia se esperaba, casi se temía, y era luz en las fiestas de centenares
de pueblos.

—¿Estás viendo al Wamani sobre mi cabeza? —preguntó el bailarín a su mujer.

Ella levantó la cabeza.

—Está —dijo—. Está tranquilo.

—¿De qué color es?

—Gris. La mancha blanca de su espalda está ardiendo.

—Así es. Voy a despedirme. ¡Anda tú a bajar los
tipis de maíz del corredor! ¡Anda!

La mujer obedeció. En el corredor, amarrados de los
maderos del techo, colgaban racimos de maíz de colores. Ni la nieve, ni la tierra blanca de los caminos, ni la
arena del río, ni el vuelo feliz de las parvadas de palomas en las cosechas, ni el corazón de un becerro que
juega, tenían la apariencia, la lozanía, la gloria de esos
racimos. La mujer los fue bajando, rápida pero ceremonialmente.

Se oía ya, no tan lejos, el tumulto de la gente que
venía a la casa del bailarín.

Llegaron las dos muchachas. Una de ellas había tro-
pezado en el campo y le salía sangre de un dedo del
pie. Despejaron el corredor. Fueron a ver después al
padre.

Ya tenía el pañuelo rojo en la mano izquierda. Su

rostro enmarcado por el pañuelo blanco, casi salido del
cuerpo, resaltaba, porque todo el traje de color y luces
y la gran montera lo rodeaban, se diluían para alum-
brarlo; su rostro cetrino, no pálido, cetrino duro, casi
no tenía expresión. Sólo sus ojos aparecían hundidos
como en un mundo, entre los colores del traje y la
rigidez de los músculos.

—¿Ves al Wamani en la cabeza de tu padre! —preguntó la mujer a la mayor de sus hijas.

Las tres lo contemplaban, quietas.

—¿Lo ves?

—No —dijo la mayor.

—No tienes fuerza aún para verlo. Está tranquilo,
oyendo todos los cielos; sentado sobre la cabeza de tu
padre. La muerte le hace oír todo. Lo que tú has pade-
cido; lo que has bailado; lo que más vas a sufrir.

—¿Oye el galope del caballo del patrón?

—Sí oye —contestó el bailarín, a pesar de que la
muchacha había pronunciado las palabras en voz bají-
sima—. ¡Sí oye! También lo que las patas de ese caballo
han matado. La porquería que ha salpicado sobre ti.
Oye también, el crecimiento de nuestro dios que va a
tragar los ojos de ese caballo. Del patrón, no. ¡Sin el
caballo él es sólo excremento de borrego!

Empezó a tocar las tijeras de acero. Bajo la sombra
de la habitación la fina voz del acero era profunda.

—El Wamani me avisa. ¡Ya vienen! —dijo.

—¿Oyes, hija? Las tijeras no son manejadas por los
dedos de tu padre. El Wamani las hace chocar. Tu padre sólo está obedeciendo.

Son hojas de acero sueltas. Las engarza el dansak' por
los ojos, en sus dedos y las hace chocar. Cada bailarín
puede producir en sus manos con ese instrumento una
música leve, como de agua pequeña, hasta fuego; depende del ritmo, de la orquesta y del «espíritu» que
protege al dansak'.

Bailan solos o en competencia. Las proezas que reali-
zan y el hervor de su sangre durante las figuras de la
danza dependen de quién está asentado en su cabeza y
su corazón, mientras él baila o levanta y lanza barretas

con los dientes, se atraviesa las carnes con leznas o camina en el aire por una cuerda tendida desde la cima de un árbol a la torre del pueblo.

Yo vi al gran padre «Untu», trajeado de negro y rojo, cubierto de espejos, danzar sobre una soga movediza en el cielo, tocando sus tijeras. El canto del acero se oía más fuerte que la voz del violín y el arpa que tocaban a mi lado, junto a mí. Fue en la madrugada. El padre «Untu» aparecía negro bajo la luz incierta y tierna; su figura se mecía contra la sombra de la gran montaña. La voz de sus tijeras nos rendía, iba del cielo al mundo, a los ojos y al latido de los millares de indios y mestizos que los veíamos avanzar desde el inmenso eucalipto de la torre. Su viaje duró acaso un siglo. Llegó a la ventana de la torre cuando el sol encendía la cal y el sillar blanco con las campanas. Bajó luego. Dentro de la torre se oía el canto de sus tijeras; el bailarín iría buscando a tientas las gradas en el lóbrego túnel. Ya no volverá a cantar el mundo en esa forma, todo constreñido, fulgurando en dos hojas de acero. Las palomas y otros pájaros que dormían en el gran eucalipto, recuerdo que cantaron mientras el padre «Untu» se balanceaba en el aire. Cantaron pequeñitos, jubilosamente, pero junto a la voz del acero y a la figura del dansak' sus gorjeos eran como una filigrana apenas perceptible, como cuando el hombre reina y el bello universo solamente, parece, lo orna, le da el jugo vivo a su señor.

El genio de un dansak' depende de quién vive en él: el «espíritu» de una montaña (Wamani); de un precipicio cuyo silencio es transparente; de una cueva de la que salen toros de oro y «condenados» en andas de fuego. O la cascada de un río que se precipita de todo lo alto de una cordillera; o quizás sólo un pájaro, o un insecto volador que conoce el sentido de abismos, árboles, hormigas y el secreto de lo nocturno; alguno de esos pájaros «malditos» o «extraños», el hakakllo, el chusek' o el San Jorge, negro insecto de alas rojas que devora tarántulas.

«Rasu-Ñiti» era hijo de un Wamani grande, de una montaña con nieve eterna. El, a esa hora, le había en-

viado ya su «espíritu»: un cóndor gris cuya espalda
blanca estaba vibrando.

Llegó Lurucha el arpista del dansak', tocando; le seguía don Pascual, el violinista. Pero el Lurucha coman-
daba siempre el dúo. Con su uña de acero hacía estallar
las cuerdas de alambre y las de tripa, o las hacía gemir
sangre en los pasos tristes que tienen también las danzas.

Tras de los músicos marchaba un joven: «Atok' sayku» [1], el discípulo de «Rasu-Ñiti». También se había
vestido. Pero no tocaba las tijeras; caminaba con la cabeza gacha. ¿Un dansak' que llora? Sí, pero lloraba para
adentro. Todos lo notaban.

«Rasu-Ñiti» vivía en un caserío de no más de veinte
familias. Los pueblos grandes estaban a pocas leguas.
Tras de los músicos venía un pequeño grupo de gente.

—¿Ves, Lurucha, al Wamani? —preguntó el dansak'
desde la habitación.

—Sí, lo veo. Es cierto. Es tu hora.

—¡«Atok' sayku»! ¿Lo ves?

El muchacho se paró en el umbral y contempló la
cabeza del dansak'.

—Aletea no más. No lo veo bien, padre.

—¿Aletea?

—Sí, maestro.

—Está bien. «Atok' sayku» joven.

—Ya siento el cuchillo en el corazón. ¡Toca! —le dijo
al arpista.

Lurucha tocó el *jaykuy* (entrada) y cambió en seguida
al sisi nina (fuego hormiga), otro paso de la danza.

«Rasu-Ñiti» bailó tambaleándose un poco. El pequeño público entró en la habitación. Los músicos y el
discípulo se cuadraron contra el rayo de sol. «Rasu-
Ñiti» ocupó el suelo donde la franja del sol era más
baja. Le quemaban las piernas. Bailó sin hervor, casi
tranquilo, el jaykuy; en el sisi nina sus pies se
avivaron.

—¡El Wamani está aleteando grande; está aleteando!

1 Que cansa al zorro.

—dijo «Atok' sayku», mirando la cabeza del bailarín.

Danzaba ya con bríos. La sombra del cuarto empezó a henchirse como de una cargazón de viento; el dansak' renacía. Pero su cara enmarcada por el pañuelo blanco estaba más rígida, dura; sin embargo, con la mano izquierda agitaba el pañuelo rojo, como si fuera un trozo de carne que luchara. Su montera se mecía con todos sus espejos; en nada se percibía mejor el ritmo de la danza. Lurucha había pegado el rostro al arco del arpa. ¿De dónde bajaba o brotaba esa música? No era sólo de las cuerdas y de la madera.

—¡Ya! ¡Estoy llegando! ¡Estoy por llegar! —dijo con voz fuerte el bailarín, pero la última sílaba salió como traposa, como de la boca de un loro.

Se le paralizó una pierna.

—¡Está el Wamani! ¡Tranquilo! —exclamó la mujer del dansak' porque sintió que su hija menor temblaba.

El arpista cambió la danza al tono de Waqtay (la lucha). «Rasu-Ñiti» hizo sonar más alto las tijeras. Las elevó en dirección del rayo de sol que se iba alzando. Quedó clavado en el sitio; pero con el rostro aún más rígido y los ojos más hundidos, pudo dar una vuelta sobre su pierna viva. Entonces sus ojos dejaron de ser indiferentes; porque antes miraban como en abstracto, sin precisar a nadie. Ahora se fijaron en su hija mayor, casi con júbilo.

—El dios está creciendo. ¡Matará al caballo! —dijo.

Le faltaba ya saliva. Su lengua se movía como revolcándose en polvo.

—¡Lurucha! ¡Patrón! ¡Hijo! El Wamani me dice que eres de maíz blanco. De mi pecho sale tu tonada. De mi cabeza.

Y cayó al suelo. Sentado. No dejó de tocar las tijeras. La otra pierna se le había paralizado.

Con la mano izquierda sacudía el pañuelo rojo, como un pendón de chichería en los meses de viento.

Lurucha, que no parecía mirar al bailarín, empezó el yawar mayu (río de sangre), paso final que en todas las danzas de indios existe.

El pequeño público permaneció quieto. No se oían

ruidos en el corral ni en los campos más lejanos. ¿Las gallinas y los cuyes sabían lo que pasaba, lo que significaba esa despedida?

La hija mayor del bailarín salió al corredor, despacio. Trajo en sus brazos uno de los grandes racimos de mazorcas de maíz de colores. Lo depositó en el suelo. Un cuye se atrevió también a salir de su hueco. Era macho, de pelo encrespado; con sus ojos rojísimos revisó un instante a los hombres y saltó a otro hueco. Silbó antes de entrar.

«Rasu-Ñiti» vio a la pequeña bestia. ¿Por qué tomó más impulso para seguir el ritmo lento, como el arrastrarse de un gran río turbio, del yawar mayu éste que tocaban Lurucha y don Pascual? Lurucha aquietó el endiablado ritmo de este paso de la danza. Era el yawar mayu, pero lento, hondísimo; sí, con la figura de esos ríos inmensos cargados con las primeras lluvias; ríos de las proximidades de la selva que marchan también lentos, bajo el sol pesado en que resaltan todos los polvos y lodos, los animales muertos y árboles que arrastran, indeteniblemente. Y estos ríos van entre montañas bajas, oscuras de árboles. No como los ríos de la sierra que se lanzan a saltos, entre la gran luz; ningún bosque los mancha y las rocas de los abismos les dan silencio.

«Rasu-Ñiti» seguía con la cabeza y las tijeras este ritmo denso. Pero el brazo con que batía el pañuelo empezó a doblarse; murió. Cayó sin control, hasta tocar la tierra.

Entonces «Rasu-Ñiti» se echó de espaldas.

—¡El Wamani aletea sobre su frente! —dijo «Atok' sayku».

—Ya nadie más que él lo mira —dijo entre sí la esposa—. Yo ya no lo veo.

Lurucha avivó el ritmo del yawar mayu. Parecía que tocaban campanas graves. El arpista no se esmeraba en recorrer con su uña de metal las cuerdas de alambre; tocaba las más extensas y gruesas. Las cuerdas de tripa. Pudo oírse entonces el canto del violín más claramente.

A la hija menor le atacó el ansia de cantar algo. Estaba agitada, pero como los demás, en actitud solemne. Quiso cantar porque vio que los dedos de su padre que aún tocaban las tijeras iban agotándose, que iban también a helarse. Y el rayo de sol se había retirado casi hasta el techo. El padre tocaba las tijeras revolcándolas un poco en la sombra fuerte que había en el suelo.

«Atok' sayku» se separó un pequeñísimo espacio de los músicos. La esposa del bailarín se adelantó un medio paso en la fila que formaba con sus hijas. Los otros indios estaban mudos; permanecieron más rígidos. ¿Qué iba a suceder luego? No les habían ordenado que salieran afuera.

—¡El Wamani está ya sobre el corazón! —exclamó «Atok' sayku», mirando.

«Rasu-Ñiti» dejó caer las tijeras. Pero siguió moviendo la cabeza y los ojos.

El arpista cambió de ritmo, tocó el illapa vivon (el borde del rayo). Todo en las cuerdas de alambre, a ritmo de cascada. El violín no lo pudo seguir. Don Pascual adoptó la misma actitud rígida del pequeño público, con el arco y el violín colgándole de las manos.

«Rasu-Ñiti» movió los ojos; la córnea, la parte blanca, parecía ser la más viva, la más lúcida. No causaba espanto. La hija menor seguía atacada por el ansia de cantar, como solía hacerlo junto al río grande, entre el olor de flores de retama que crecen a ambas orillas. Pero ahora el ansia que sentía por cantar, aunque igual en violencia, era de otro sentido. ¡Pero igual en violencia!

Duró largo, mucho tiempo, el illapa vivon. Lurucha cambiaba la melodía a cada instante, pero no el ritmo. Y ahora sí miraba al maestro. La danzante llama, que brotaba de las cuerdas de alambre de su arpa, seguía como sombra el movimiento cada vez más extraviado de los ojos del dansak'; pero lo seguía. Es que Lurucha estaba hecho de maíz blanco, según el mensaje del Wamani. El ojo del bailarín moribundo, el arpa y las manos del músico funcionaban juntos; esa música hizo detenerse a las hormigas negras que ahora marchaban de perfil al sol, en la ventana. El mundo a veces guarda un silencio cuyo sentido sólo alguien percibe. Esta vez era por el arpa del maestro que había acompañado al gran dansak' toda la vida, en cien pueblos, bajo miles de piedras y toldos.

«Rasu-Ñiti» cerró los ojos. Grande se veía su cuerpo. La montera le alumbraba con sus espejos.

«Atok' sayku» saltó junto al cadáver. Se elevó ahí mismo, danzando; tocó las tijeras que brillaban. Sus pies volaban. Todos lo estaban mirando. Lurucha tocó el lucero kanchi (alumbrar de la estrella), del wallpa wak'ay (canto del gallo) con que empezaban las competencias de los dansak', a la medianoche.

—¡El Wamani aquí! ¡En mi cabeza! ¡En mi pecho, aleteando! —dijo el nuevo dansak'.

Nadie se movió.

Era él, el padre «Rasu-Ñiti», renacido, con tendones de bestia tierna y el fuego del Wamani, su corriente de siglos aleteando.

Lurucha inventó los ritmos más intrincados, los más solemnes y vivos. «Atok' sayku» los seguía, se elevaban sus piernas, sus brazos, su pañuelo, sus espejos, su montera, todo en su sitio. Y nadie volaba como ese joven dansak'; dansak' nacido.

—¡Está bien! —dijo Lurucha—. ¡Está bien! Wamani contento. Ahistá en tu cabeza el blanco de su espalda como el sol del mediodía en el nevado, brillando.

—¡No lo veo! —dijo la esposa del bailarín.

—Enterraremos mañana al oscurecer al padre «Rasu-Ñiti».

—No muerto. ¡Ajajayllas! —exclamó la hija menor—. No muerto. ¡El mismo! ¡Bailando!

Lurucha miró profundamente a la muchacha. Se le acercó, casi tambaleándose, como si hubiera tomado una gran cantidad de cañazo.

—¡Cóndor necesita paloma! ¡Paloma, pues, necesita cóndor! ¡Dansak' no muere! —le dijo.

—Por dansak' el ojo de nadie llora. Wamani es Wamani.

Amor mundo

7

Dormía bien en la batea grande que había pertenecido al horno viejo. A su lado, sobre pellejos, dormía la sirvienta Facunda. Cerca del fogón, en una tarima hecha de adobes que en el día era utilizada como apoyo para los peones, dormía la cocinera, Doña Cayetana.

—Apesta a indio y cebolla —dijo el caballero, en la puerta de la cocina.

Prendió un fósforo y llegó hasta la batea. Vio las ollas de barro y leña en el suelo, y agua sucia. No había obstáculo alguno para llegar a la batea:

—¡Ah, candelas! Al diablo éste le ponen buenos pellejos sobre la batea. El condenado siempre es condenado; como éste es blanquito, aunque esté de sirviente, aquí le sirve.

Despertó al muchacho punzándolo con el bastón en la garganta. El bastón tenía punta de metal. Alumbraba aún el fósforo.

—Levántate; acompáñame.

El muchacho se levantó. Estaba vestido. Siguió al caballero.

En el patio preguntó:

—¿Adónde?

—Adonde has de ser hombre esta noche. ¿Cuántos años tienes?

—El 17 de febrero cumplí nueve.

Temprano hay que ser hombre. Duermes bien.

—Duermo bonito.

—Yo también voy a dormir bonito. Ya verás.

Atravesaron el patio grande de la casa. Las blanquísimas lajas del piso flotaban en la noche; se veían sus irregulares formas. La oscuridad sólo llegaba hasta cierta altura de las piedras, y el muchacho caminó en el patio como sobre barro de niebla. Pero en la plaza, inmensa, el silencio cubría el vacío; toda la tierra. Sopló un viento y los dos eucaliptos gigantes del cementerio cantaron.

—¿Adónde me llevas? —preguntó el muchacho.

Adonde has de aprender lo que es ser lo que sea. ¡Sígueme!

Lo siguió por varias calles. Sobre los techos de las casas abandonadas y en los muros de las huertas lograban destacarse los troncos de algunos espinos feroces.

Subieron a un muro. El caballero dejó caer una piedra sobre la rodilla del chico:

—¿Te dolió? —dijo.

—No. Cayó debajo.

—¡Sígueme!

El muchacho comprobó que habían cortado los espinos a lo largo de la cima de un muro; luego saltaron a un corral. Allí vivía un chancho muy gordo; pero había también una pequeña mancha, seguramente de romaza verde. Cantaban los grillos en ese sitio: oyó el chico, con toda claridad, el contraste del ronquido del cerdo y la voz de los grillos. «Uno de esos grillitos está llorando», pensó. «Quizás no ha muerto. Aquí, el Jonás atraviesa grillos con una espina, por parejas, y les amarra un yugo de trigo, para que aren. No habrá muerto, pues, gracias a Dios.»

—¡Si es la casa de Doña Gabriela, tu tía! —dijo el muchacho, al saltar de otro muro hacia un patio donde florecía un pequeño árbol de cedrón.

—¡Sígueme! —dijo el hombre.

Abrió con bastante cuidado la puerta que daba al interior de la casa. Hizo que el muchacho entrara. Estaba todo muy a oscuras.

—Agárrate de mi poncho —le dijo.

El caballero se dirigió, claramente y sin vacilaciones, hacia el dormitorio de Doña Gabriela. No separaba el dormitorio de la llamada sala, por donde los dos caminaban a oscuras, sino una división de madera.

—No vienes solo. ¡No vienes solo! ¿A quién has traído? —preguntó Doña Gabriela.

—A Santiago; para que aprenda lo más grande de Dios. ¡Háblale, muchacho; que vea que ya eres hombre!

—Yo soy —dijo él, en voz muy baja; el grillo herido y el eucalipto estaban en su voz.

—¡Anticristo! ¿Crees que te voy a dejar? ¿Crees? —habló la señora.

Santiago sintió un ruido en la cabeza.

—Me desvisto —dijo el hombre.

Prendió un fósforo.

—Mira, Santiago —dijo.

Sólo un calzoncillo largo le cubría las piernas.

—Ahora me acuesto. Ahora oyes. Si quieres ver, ves. Aquí tienes el fósforo.

Y empezó el forcejeo. Sobre la cama de madera, bien ancha, el hombre y la mujer peleaban. El esposo de Doña Gabriela había ido de viaje a una ciudad muy lejana de la costa. Ella tenía ojos pequeños y quemantes en el rostro enflaquecido pero lleno de anhelos. Sus dos hijos dormían en otra «división», al extremo opuesto de la sala. Eran amigos de Santiago.

—¿No es tu tío carnal, don Pablo, el que ha ido de viaje? —habló, sin darse cuenta el chico.

—Calla, cacanuza; esta mujer se resiste como una vaca de esas que saben que las van a degollar, cuando otras veces era paloma caliente. ¡Calla, perro!

Santiago empezó a tragar la oscuridad como si fuera candela. Se tocó las rodillas que estaban temblando. No estaban calientes.

—Si no te quitas esa sábana, voy a gritar para que tus

hijos vean que estoy en tu cama. ¡Que vean! A la de seis grito. El hombre no se embarra con estas cosas, al contrario. Yo más todavía. Cuento..., una..., dos..., tres..., cuatro...

Hablaba despacio; también tragaba fuego.

Al cantar el cinco, todo se detuvo, nunca recordará el muchacho por cuánto tiempo.

El hombre empezó a babear, a gloglotear palabras sucias, mientras ella lloraba mucho y rezaba. Entonces el chico sintió que se le empapaba el rostro. Casi al mismo tiempo su mano derecha resbaló hacia su propio vientre helado. No pudo seguir de pie; empezó a rezar desde el suelo, el cuerpo helado sobre la tierra: «Perdón, Mamacita, Virgen del cielo, Virgencita linda, perdón...».

—Tu voz es de que estás gozando, oye, aunque estás rezando; oye... —habló el hombre.

El llanto de la mujer se hizo más claro, como el de esos escondidos hilos de agua que a veces bajan millares de metros de altura entre precipicios negros, de roca sin yerbas. De repente se acrecentó, como un repunte. Asustó al chico: «¡Me voy, me voy!», decía, cantaba; pero no podía irse.

No oyó la voz del eucalipto tan grande del cementerio, en el camino de regreso. Tenía las manos metidas en los bolsillos; seguía a cierta distancia al caballero. El hombre ya no fue al zaguán que estaba a la vuelta de la esquina. Entró a su dormitorio por una puerta que daba directamente a la plaza. Dejó al muchacho en la esquina. «Mañana o pasado será mejor. En el horno viejo» —le dijo, al tiempo de cerrar la puerta.

En la esquina estuvo. Las montañas de la gran quebrada hervían porque la luna alumbró aún antes de aparecer. Alumbró de ese modo con que lo hace. El chico se fue al zaguán. «Lloraba más grande que estos cerros, Doña Gabriela. Así dicen que la lágrima se puede llevar los cerros. Se pueden llevar, es cierto; a mí también.» Fue hablando el muchacho.

Encontró la batea, fácil. Se recostó de espaldas. Sintió que la luz le calentaba muy fuerte.

—¡Facunda! —dijo—. Dame agüita.

* * *

El Jerónimo soltó al hechor en el corral cuando la joven hija del hacendado estaba en el corredor. La acompañaba Santiago. La joven cantaba mejor que la calandria; plateaba al fangoso y encabritado río grande, acercaba las cumbres filudas que los ojos apenas alcanzaban pero que el corazón sentía, los acercaba con el canto hasta que tocaran con sus dientes las flores de la alfalfa de esa hacienda que, según contaban los viejos, un español bruto había cercado donde ni los incas pudieron llegar. El español bruto hizo que los «antiguos» reconstruyeran acueductos con túneles y regó una falda del cerro, a orillas del río más bruto aún, y tuvo que hacer otros túneles para que la gente pudiera llegar a la tierra regada. Ahora daba alfalfa, la mejor de toda la provincia. El garañón se lanzó a la carrera, rebuznando con un júbilo que dejó rígido el rostro de la joven. Porque el burro enorme iba con su miembro viril aún más enorme a embestir a una yegua que estaba al otro lado del muro del corral, a pocos metros de la señorita, que apenas tenía dieciséis años. La yegua sintió la carrera del burro y empezó a retroceder, abriendo la boca, mostrando los dientes; echando a un lado el rabo. El garañón le hundió el miembro; mordió en el lomo a la yegua.

Los dos animales se movían, y el río fangoso se convirtió en sangre pura y terrible que empezó a subir desde los pies hasta la frente de la jovencita. Santiago miraba; tenía diez años. Se había escapado de la casa de su guardador, el más caballero del pueblo, el más decente, que a él, al chico, lo había convertido en sirviente muy maltratado. El dueño de esa hacienda profunda lo cobijó por un tiempecito; lo recibió como a un hijo de señor que era. Sí, ella, la hija del hacendado, cantaba mejor que las calandrias, pero en ese instante, viendo el asalto y los movimientos del garañón, su rostro enrojeció desde dentro, como lirio blanco que se transformara, de repente, por quemazón, en un trozo

de crepúsculo que es la luz roja de uno mismo más que
del sol y del cielo. «Así es, así es, así es, perdón, Dio-
sito», dijo la niña, sin darse cuenta. Y volvió la cara
para observar a Santiago. El había preferido mirar a ella
que al burro, apenas se encendieron sus mejillas, apenas
el río se trasladó a las venas de su cuello para apretar allí
toda su fuerza; el chico sintió lo que pasaba en la cara
de la señorita y se volvió hacia ella. «Y tú me miras,
bestia —le dijo—. ¿Por qué me miras, botado, muerto
de hambre...? ¡Estoy asquerocienta! Tú eres...».

—No, pues, señorita linda. Adiós.

Santiago se fue corriendo hacia el puente amarillo que
cruzaba ese río que sólo el español bruto y los «antiguos» pudieron alcanzar. Al otro lado del puente empezaba la cuesta famosa en cientos de pueblos, por lo
empinada y por sus túneles (cuatro); uno de ellos re-
quería vela para pasar. En los zig-zag que escalaban el
abismo, también amarillo, el movimiento del garañón
empezó a perturbar la imagen del encendido rostro de
la niña en la memoria de Santiago. Felizmente se
asustó. Si no se apuraba, no le alcanzaría el día para
subir la cuesta y llegar a la puna. De allí se iría, asustado, pero por camino seguro donde su señor. Nadie
sabe qué hizo más sombra en su alma, si el miembro
espantoso del garañón o el color rojo, que nunca creyó
fuera sucio, del rostro de aquella niña que era blanca,
linda, demasiado vigilada. La jovencita vio correr a
Santiago, cuesta abajo, por el callejón empedrado de la
hacienda. Ya el chico, entonces, estaba descalzo.

—¡Hermanito, ven! —creyó gritar—. Tú eres ángel; yo
soy peor que yegua.

Y como el muchacho se perdió a los pocos minutos en
el recodo del callejón, cerca del río, ella también corrió,
pero hacia la capilla de la hacienda. Subió al coro. Abrió
una alacena donde guardaban los látigos para los «marti-
rios» del Viernes Santo. Se alzó el traje y, llorando, empezó a flagelarse con furia.

El altar dorado, las pinturas de los muros y del techo
ardían como entre humaredas. Pero al décimo o duodé-
cimo latigazo empezó a ceder el llanto; pudo ver bien el

rostro de la Virgen en el altar mayor. «Estás perdonada», oyó que le decían, «Santiago pasa los túneles; lo que le pusiste de pecado está limpio. Descansa, hijita». Se recostó en un escaño antiguo y sintió frío. «La madre superiora... el burrito», habló, «ya no más».

Al día siguiente galopaba en un caballo feliz por el camino tendido, muy corto, el único que había al borde de los alfalfares. Pisaba firmemente en el estribo de plata. Bandadas de loros gritaban en el aire angosto de la quebrada, a gran altura. Los alcanzó y acalló cantando un harahui aprendido a escondidas en una comunidad donde cosechaban maíz. Al término del camino derecho empezaba una especie de abismo donde su caballo bajaba con mucho cuidado. Allí, en el abismo, entre arbustos, vivían unos zorzales raros que entonaban largas melodías. «Santiaguito, Santiago... ¿adónde estarás?», dijo la muchacha al oír cantar a un zorzal. «Te asustaste de mí para siempre». El caballo orejeaba. «Cuida más de mi vida que la suya.» Se santiguó y procurando mantenerse serena, se puso a escuchar los cantos de los pájaros que en ese abismo se entusiasmaban. «Así dicen las novelas, los cuentos también que en quechua cuentan... Los animales saben.»

Se aburrió de la bajada, hizo volver al caballo y lo espoleó para que alcanzara los alfalfares a paso más ligero, por la difícil cuesta. El olor del caballo es el olor del mundo.

*   *   *

El horno viejo mantenía aún su techo y estaba cerrado con un viejo candado.

—¡Levántate! Vamos al horno viejo; acompáñame.

Era la misma orden. Lo despertó con la misma punta de metal del bastón.

—¿Tú sabías que la doña Gudelia le tiene asco a su marido? —le preguntó el señor, en la esquina—. ¿Sabías que tiene baticola floja?

Las hojas del eucalipto reverberaban; todo el árbol

estaba como solo en la noche, como si la luna no hubiera aparecido sino para él; sin embargo, muchas de sus hojas reverberaban, cada una por su cuenta.

—¿Te dije? —volvió a preguntar el caballero.

—No he oído. ¿Por qué reverbera?

—Te he dicho que doña Gudelia es un poco de mala vida. Y ahora te aumento que Faustino, ese que espanta a los gatos diciendo: «¡misée!», es alcahuete y putañero. Ha traído desde Santa Cruz a una chola bonita, para que caliente a doña Gudelia.

—Nada he sabido.

Vio que la sombra de la torre cubría la sombra del otro eucalipto; que por eso el árbol no tenía sombra. Un gorrión cantó con gran aliento desde un bajo sauce del cementerio.

—Ese gorrioncito sabe. Ha hecho mover la torre con su canto.

—Ha malogrado mi... Cuando ese animal canta de noche, puede suceder que un chico de tu edad... ocho o diez años... se muera. Eso sabrás seguro.

—Yo he conocido a la muerte. Es de otra forma, pues. El gorrión, dicen, nace del agua, de los manantiales; por eso cuando canta en falso así, en la noche, su voz tiene fuerza...

—«Yo he conocido ya a la muerte...». Así se sabe que necesitas aprender de mí. Ahora aprenderás aún mejor. He visto que doña Gudelia te alegra los ojos, también las piernas.

Al salir de la plaza y entrar a una calle muy angosta el mundo se dividió en suelo y cielo. Así, por el suelo, en toda la sombra, caminaron hasta el horno viejo.

* * *

—A que no se quita usted el monillo, señora Gudelia. ¡A que no lo hace!¡ ¡A que no lo hace!

El señor le gritaba de cerca mientras la mujer del ganadero bailaba con Faustino, algo retorciéndose. Una lámpara de gasolina alumbraba desde la boca del horno.

—¡A que no lo hace!

Ella lo hizo. Se detuvo, mientras Faustino seguía zapateando con sus botas muy largas en que el metal amarillo de los broches chispeaba. Se quitó el monillo; se lo sacó por encima de la cabeza; lo tiró sobre el arpa. Sus senos quedaron al aire. Eran blanquísimos, más que la luna, más que la loza en que almorzaba el caballero; también porque se le deshizo el moño y las trenzas de pelo negro cayeron en medio de los dos pechos.

—¡Yo hago lo mismo! ¡Hago el honor! —gritó el caballero.

Se bajó los pantalones, mientras Faustino seguía bailando sin mirar, tranquilo, con los ojos hacia la tierra. Quedó desnudo desde la cintura para abajo, el señor. «¡Haga el honor, Santiaguito!». Se acercó a Doña Gudelia.

Le levantó el traje.

—¡Eso no! ¡Soy casada y sacramentada! ¡Sacramentada!

—Yo no. Yo chuchumeca no más, don Faustino. No me emborracho con nada —dijo la chola, que estaba recostada en el poyo carcomido del horno viejo.

—Tumbar y abrirle las piernas —ordenó el caballero; les ordenó a Faustino y a un hombre que permaneció sentado en el mismo poyo, bebiendo aguardiente. «De los alfafares, señorita», dijo en voz baja Santiago y se echó a andar hacia la puerta. «Señorita», siguió diciendo. La puerta estaba con llave. Pero el horno viejo era enorme. Sirvió, cuando allí se hacía pan, a doce pueblos, años de años. Apoyado en la puerta humienta, el chico vio que tumbaron a la señora blanca. «Mejor si se queja, Faustino. Más gusto al gusto», oyó decir al señor, ya echado sobre la esposa del pequeño ganadero. El arpa seguía tocando sonoramente. Era ciego el arpista; era famoso. Su cabeza aparecía inclinada hacia la caja del instrumento. Doña Gudelia empezó a llorar fuerte. Y la otra, la que decía ser «chuchumeca», también. Entonces, desde el suelo, el señor dijo: «Pon a Santiago encima de la santanina. Le he ofrecido. Oye, Faustino».

A Faustino lo alcanzó la santanina cuando había pa-

sado el sitio en que el techo, negro de humo, del horno
viejo, hacía bastante sombra en el suelo. Lo atacó con
una kurpa, que es un trozo de adobe como fosilizado.
«Me rompiste la frente. Cómete mi sangre», dijo Faustino, alzando los puños.

—¡Por qué no, pues! ¡Siendo de ti que eso obedeces!
Que el anticristo mande, mandará. ¡La criaturita! No lo
había visto. ¡La criaturita! Trompéame en la vista,
Faustino. Tú me has traído de lejos, de lo que estaba
tranquila.

Faustino llegó a la puerta, mientras la mujer se sentaba en el suelo y empezaba a rezar levantando los brazos. El hombre tenía en la cara un chorro de sangre que
apareció ancha a la luz de la luna, cuando abrió la
puerta del horno viejo.

—Andate, mejor. Yo le voy a hacer comer mi sangre a
esa «chuchu».

Lo empujó, porque el muchacho se resistió a salir.
«Mentira, mentira. Yo también me voy a ir —le dijo en
voz baja—. Iba a pisar a la chola, pero será por tu causa
que ella me ha pisado en la frente, con fuerza. Ya estoy
fregado, merecidamente, eso sí. Anda, vete, hijito.»

Pero no se fue. Se quedó fuera. Oyó que la santanina
gritaba, insultaba, decía palabras inmundas, rezaba en
quechua. Sentado en la puerta, Santiago estuvo mirando
la luz. El arpista seguía tocando, pero ya mezclaba las
tonadas. En la puerta del horno viejo había una grada de
piedras; allí llegaba, sobre la laja, toda la luz. Sin embargo, no alcanzaba para nada. Los montes, los ríos...
¿qué no estaba tranquilo con esa luna llena viniendo del
centro del cielo? Menos él, el chico, pues. «No es nadie
ése», decía el señor. Lo hicieron caer al abrir la puerta del
horno viejo.

—La mujer sufre. Con lo que le hace el hombre, pues, sufre.

—¿Con qué dices, de lo que el hombre le hace?

—De noche, en la cama. O en cualquier parte sucia.

—Eres criatura. Ella goza más que el hombre. Más goza, por eso acepta también quedarse con el hijo sin que el hombre le ayude en nada. Con eso sí sufre, buscando comida para el hijo. Porque siempre la mujer pobre acepta no más que le hagan hijo, porque goza.

—¡No goza! —gritó Santiago al oído de Ambrosio, el guitarrista—. ¡No goza! Y siendo más que el corazón, teniendo esos ojitos que son mejor que la estrella, mejor que la paloma, mejor que todo. ¿Has conocido a la hija del hacendado de Quebrada Honda?

—Sí. Es la más linda de estos pueblos. Su padre la tiene como encerrada en esa cárcel de indios que es la hacienda. Los indios pueden irse, escapando o de puro valientes, si son valientes. Ella, la pobre Hercilia, espera no más. Es linda. Pero ¿por qué dices que la mujer es más que el corazón y que es mejor que estrella? A veces son como patada de burro de feas y mejor que Lucifer de malas.

—¡No son malas, entiende! Si no fuera por ellas, ¿tú no tocarías la guitarra? ¿Harías llorar a los cerros con lo triste de tu guitarra? La mujer es, pues, triste.

—¡Zonzo! Hercilia hace años que espera que alguien le «haga el favor». Yo se lo hice una vez. ¡Sí, se lo hice! Y no era ángel, era una yegua retorciéndose de felicidad. Casi me destronca. Corrí peligro de muerte para conseguirla. Me vine de noche por los túneles del camino. Me puse a cantar a la salida del último socavón. Me duraba todavía en la boca la mordedura de los dientes de la hembra. Ese dolorcito es rico...

Santiago escapó. Ambrosio vio que el rostro del muchacho cambiaba como cuando el cielo se enfurece de repente en los Andes. Se levantan nubes entre rojas y oscuras; aparecen no se sabe dónde, siempre por la espalda de las montañas más altas, y empieza a llover el mundo o, simplemente, las nubes se quedan en el cielo, moviéndose, inquietando a la gente y a los animales.

«Es loquito, de razón. Criado por ese hombre. Vio a Hercilia hace... tres años... Y no es cierto que yo le hice nada a ella. Le hizo el otro guitarrista, el de San Pedro. Está preñada ahora, y se va a escapar con el guitarrista de San Pedro. Y va a heredar o lo van a matar...».

Vio a Santiago correr calle abajo, hacia el cementerio nuevo, es decir, al cementerio de los tiempos actuales, porque el de la época que dicen de los españoles era un campo cercado que rodeaba a la iglesia. Y allí estaban esos dos eucaliptos.

El muchacho escaló el muro de una huerta de hortalizas y de capulíes que pertenecían a un viejo hacendado borracho. Los niños habían clavado estacas para escalar el muro y robar capulíes en el tiempo de la fruta. El viejo hacendado permitía que robaran la fruta de noche, pero no de día. Las estacas no fueron rotas ni desclavadas; un guardián vigilaba la huerta durante el día. Vigilaba a los niños y espantaba a gritos y cantos a los pájaros. Rodeaban la huerta de árboles de sauce frondosos; zumbaban con el viento o servían de reposo a los pájaros del pueblo. Un sauce, uno solo, había que tenía las ramas hacia el suelo.

Le llamaban «llorón» y parecía una mujer rendida, con la cabellera como chorros de lágrimas.

Santiago se echó bajo el sauce. El suelo estaba cubierto de pequeñas hojas amarillas y rojizas.

«Ambrosio animal, Ambrosio chancho que persigue chanchas, que hace chorrear suciedad a las chanchas, montándolas. Ambrosio anticristo. ¿Cómo te sale música triste de tu dedo si eres bestia?».

Contuvo el ansia de seguir insultando. Su pecho le caldeaba la respiración. «La mujer es más que el cielo; llora como el cielo, como el cielo alumbra... No sirve la tierra para ella. Sufre.»

Había rondado la casa de doña Gudelia todo el día siguiente en que la señora se quitó el monillo en el horno viejo. La había llegado a seguir un rato cuando ella subió por el camino cascajiento que conducía al manantial de donde el pueblo sacaba el agua para beber. Le extrañó que no cojeara, que no gimiera mientras andaba. Pero sus ojos, hundidos cada día entre negrura, se volvieron hacia él. Como siempre, parecían alcanzar distancias que nadie conoce, pero no tenían el filo de antes. «¿Tú también vas por agüita?», le dijo la señora, a pesar de que Santiago no llevaba ningún cántaro. No era del pueblo ella; su marido, vecino pobre y algo enfermizo, la había traído de Parinacochas, una provincia lejana. Su fama de buenamoza se extendió por los distritos próximos. Hablaban de sus ojeras que en lugar de disimular la negrura de los ojos de la señora, la hacían más candente. Miraba, como algunas aves carnívoras prisioneras, lejos, pero con intención y no en forma neutra como las aves. Esa intención, seguramente, tocó el alma sucia de don Guadalupe, dueño del horno viejo, amo putativo de Santiago. «No voy por agua, señora», contestó el muchacho en el camino del manantial, entonces doña Gudelia le preguntó: «Hijito: ¿mi cara está pálida?». «Sí, señora. Está flaca también.» «¡Adiós, criatura! Si no vas por agua, regrésate. Estoy flaca... ¡maldecida!»

«¡Maldecida, no; abusada, pateada, emborrachada. Sólo el hombre asqueroso patea el cielo, también lo emborracha, alcanza con su mano embarrada al ángel... a la

niña... a la señora... a la flor...!» Bajo las ramas del sauce
hablaba en voz alta el muchacho, recordando la última
queja de doña Gudelia.

Sintió pasos. Era la gorda Marcelina, lavandera del
viejo hacendado; ella se acercaba al árbol, porque había
visto a Santiago. No se sabe desde qué hora estaría en la
huerta o desde qué tiempo. Avanzó hasta meterse en
la sombra del sauce llorón; se levantó la pollera, se puso
en cuclillas.

—Voy a orinar para ti, pues —dijo mirando al muchacho. En su boca verdosa, teñida por el zumo de la coca,
apareció algo como una mezcla de sonrisa y de ímpetu—.
«¡Ven, ven pues!», volvió a decir, mostrando su parte
vergonzosa al chico, que ya se había levantado.

El fue, apartando con la mano una rama fresca que le
estaba cayendo de la cabeza hacia la espalda; avanzó
rápido. Era el mediodía, manchas de jilgueros llegaban a
la huerta para reposar y cantar en los sauces.

La gorda Marcelina lo apretó duro, un buen rato.
Luego lo echó con violencia.

—Corrompido muchacho. Ya sabes —dijo.

Su cuerpo deforme, su cara rojiza, se hizo enorme ante
los ojos de Santiago. Y sintió que todo hedía. La sombra
de los sauces, las hojas tristes del árbol que parecía llorar
por todas sus ramas. El alto cielo tenía color de hedion-
dez. No quiso mirar al Arayá, la montaña que presidía
todo ese universo de cumbres y precipicios, de ríos
cristalinos. Escaló el muro, tranquilo. Fue corriendo
hacia el arroyo que circundaba al pueblo.

No pudo lavarse. Se restregaba la mano y la cara con la
brillante arena del remanso; alzaba las piedras más transparentes desde el fondo del pequeño remanso y se frotaba
con ellas. Esas piedras recibían el viento, el ojo de los
pájaros, la nieve más alta del Arayá, el río grande, la flor
del k'antu que sangraba de alegría en la época de más
calor. Pero el muchacho seguía recordando feo la parte
vergonzosa de la mujer gorda; el mal olor continuaba
cubriendo el mundo.

Entonces decidió marchar al Arayá.

Del Arayá nacía el amanecer; en el Arayá se detenía la

luz, siempre, durante el crepúsculo, así estuviera nublado
el cielo. Ese resplandor que ya salía de la nieve misma y de
las puntas negras de roca, ese resplandor, pues, llegaba a
lo profundo. No quemaba como el sol mismo la superficie de las cosas, no transmitía, seguro, mucha fuerza,
mucha ardencia, pero llegaba a lo interno mismo del color
de todo lo que hay; a la flor su pensamiento, al hombre su
tranquilidad de saber que puede traspasar los cerros, hasta
el mismo Arayá; al muchacho, a él, a Santiaguito, saber
que la mujer sufre, que ese pensamiento hace que la mujer
sea más que la estrella y como la flor amarilla, suave, del
sunchu que se desmaya si el dedo pellejudo del hombre
sucio la toca. Al Arayá, únicamente los hacendados que
habían hecho flagelar a la gente no lo entendían. Así
era. Y el muchacho necesitaba tres horas de andar para
acercarse hasta las nieves del poderoso: en ese momento
el sol ya no estaría en el cielo.

Veía desde el camino las puntas de las rocas que salta-
ban del hielo del Arayá como agujas; las miraba cada vez
más cerca y se estaba tranquilizando. La boca verde de la
lavandera, borracha como su patrón, empezaba a difumi-
narse en esa oscuridad maciza que volaba en las agujas de
la roca del Arayá...

—Hijito..., estarás cansado. Te hago regresar en el anca
de mi caballo —le dijo el cura. Se encontraron en un
recodo de la gran cuesta.

—Quiero confesarme, padre —le dijo el muchacho.

—Sí, claro. Aquí no se puede, tiene que ser en la iglesia.
Llegaremos de nochecita. Te haré entrar, pues, a la sa-
cristía.

—Quiero confesarme delante del Arayá, padre.

—¿Delante del Arayá? ¿Eres hijo de brujo? ¿Estás
maldecido?

—Capaz estoy maldecido. ¡Me han malogrado, creo!

—¡El Arayá te habrá maldecido! —dijo el cura con
impaciencia.

—El horno viejo, padre. La gorda Marcelina. Lo que
han rezado dos señoras, delante de mí, a la Virgen, a
Nuestro Señor Jesucristo.

El cura desmontó del caballo.

—Confiésate —le dijo—. ¡Este cerro que tiene culebras grandes en su interior, que dicen que tiene toros que echan fuego por su boca...! ¿Qué tienen que hacer las santas oraciones con tu maldición? ¡Confiésate de rodillas! ¿Has fornicado con la Marcelina?

No se arrodilló. Estuvo mirando al sacerdote. Unos vellos rojizos, como los que había visto que temblaban en el rostro de la gorda Marcelina, aparecieron clarísimos en la frente del cura, debajo mismo del borde del sombrero. Pero estos vellos jugaban, no estaban separados uno a uno, feos como en la cara de la borracha.

—¿Qué cosa es fornicar, padre?

El cura miró detenidamente al muchacho.

—No te arrodilles, hijo. ¿Te ha...?

—Sí, padre, asimismo ha sido. Estoy apestado; estoy sucio...

—Más de lo que crees, de cuerpo y alma. Esa chola está enferma. ¿Oyes? Está enferma. Yo te lo digo. Por eso nadie quiere con ella. Esos gendarmes que vinieron a buscar indios cuatreros, la agarraron a ella.

—¡El Arayá me va a limpiar, seguro! Me voy, me voy. Deme su bendición, padrecito —rogó el chico.

—Sí, cómo no; contra las serpientes del cerro, no contra tu cuerpo sucio: «En nombre del Padre, del Hijo, del Espíritu Santo...».

Tarde se dio cuenta el sacerdote de que le había dado la bendición en quechua: «Dios Yaya, Dios Churi, Dios Espíritu Santo...».

Santiago continuó subiendo el cerro.

—Tú también sufres. ¿De qué estarás enferma, pobrecita, triste Marcelina? —se preguntó, mientras la luz del sol se enfriaba en la quebrada.

* * *

Pudo ver la nieve cuando su color rojizo se debilitaba. Porque la cima del Arayá cambiaba tanto como la gran zona del cielo en que el sol desaparecía. Allí la luz

jugaba hondo; los hombres no podían reconocer bien
los colores que ardían unos como consolando, otros
como abriendo precipicios en el corazón mismo, tanto
de las criaturas cual de los viejos. ¿Cuántos y qué colores? Del negro al amarillo cegador, hasta hundirse en
lo que llamamos tiniebla. Así también la nieve del
Arayá.

Santiago quedó tranquilo hablándole a la nieve: «Tú
no más eres como yo quiero que todo sea en el alma
mía, así como estás, padre Arayá, en este rato. Del
color del ayrampo purito. ¡Ahora sí me regreso!».

Habló en castellano muy correcto. Y bajó a la carrera
la cuesta. Ya tenía zapatos. Su nuevo protector le había
comprado zapatos de mestizo, fuertes y bien duros.
Levantaba polvo con ellos en el camino, seco en ese
mes de agosto. Llegó de noche, silbando, al pueblo.
Con él cantaban los gallos. Era la medianoche, seguramente. No sentía hambre ni sed. La voz de los gallos
repercutía fuerte en todo su cuerpo.

Pero a los pocos días regresó a la huerta, a la misma
hora. Se echó bajo el mismo sauce, entre la cortina de
las ramas que parecían cabelleras de lágrimas. La borracha Marcelina también vino, se alzó la pollera, orinó,
llamó al muchacho. Santiago fue hacia ella, casi corriendo. Y se dejó apretar más fuerte y más largamente
que la primera vez, se revolcó e, igual que entonces, fue
ella quien lo arrojó, y se marchó luego de mirarlo como
se mira a los huesos botados. Los vellos esparcidos no
se movían con el aire en el rostro de la Marcelina. Parecían estacas. Y de allí brotaba la suciedad sin remedio,
más que de otros sitios. De esa parte del cuerpo de la
chola gorda.

El muchacho estuvo mirando al sauce llorón largo
rato. «Tú no eres como la Marcelina, tú eres como las
otras...» Se levantó aturdido; escaló el muro y saltó
después hacia la calle. Con el vientre todavía sacudido
corrió hacia el pequeño río. La arena de las orillas reverberaba con la luz del sol; bajo la corriente muy lenta
del agua, en el remanso, las piedras mostraban sus colores y el de las yerbas que se colgaban jugando sobre

ellas. ¡Ahí estaba, pues, la hermosura limpia, la que la gente no podía conseguir para ella! Sin embargo el muchacho ya no se lavó. Le rendía el hedor que todo su cuerpo exhalaba. Al borde de un pequeño barranco, junto al río, descubrió un cúmulo de remilla y otras yerbas de olor fuerte, el chikchinpa, el k'opayso... Santiago arrancó las puntas de las ramas; bajó a la orilla del remanso y se frotó la cara con las yerbas ya mezcladas.

—Ahora agüita —dijo.

Pero no se lavó, como quiso, al agacharse a la corriente. Bebió del río. Y luego, ya más calmado, tomó el camino del Arayá.

¿Cuántas semanas, cuántos meses, cuántos años estuvo yendo de la huerta al Arayá? No se acordaba. En el camino maldecía, lloraba, prometía y juraba firmemente no revolcarse más sobre el cuerpo grasiento de la Marcelina. Pero la huerta se hacía en ciertos instantes, más grande que todos los cielos, que los rayos y la lluvia juntos, que el padre Arayá; esa huerta con su sauce llorón, con ese hedor, con los orines de la borracha, más poderosa. Y cada vez le atacaba el anhelo de ir donde el padre Arayá, cuando los pelos de la Marcelina se erizaban y de allí brotaban algo como el asco del mundo. «Será que me sucede esto porque no soy indio verdadero; porque soy un hijo extraviado de la Iglesia, como el cura me dice, rabiando...» Esas palabras, más o menos, repetía en el camino de ida.

Y siempre encontraba luz rojiza, algo moribunda en la nieve de la montaña. Regresaba aliviado; creía reconocer mejor las cosas en la oscuridad; durante la marcha al Arayá, en toda la cuesta, las cosas se le confundían: las flores y las grandes piedras, las mariposas y los saltamontes que cruzaban el aire; el mal recuerdo, como brea, cubría feo, no para bien, las diferencias que felizmente existen sobre la tierra. A la vuelta, en la noche, cuando llegaba al pueblo, el canto de los gallos repercutía bajo su pecho, iluminaba la quebrada, ese abismo donde también el sol se enfurecía y enfriaba, en el mismo día.

Los aukis, sacerdotes de la comunidad, cantaban en quechua a la orilla del estanque. Con el sombrero en una mano y una cruz pequeña cubierta de flores rojas de k'antu en la otra, entonaban un himno muy antiguo:

Aylillay, aylillay
uh huayli
aylillay, aylillay
uh huayli.

Señores Cabildo
señores comunes
hermosa palabra
hermosa atención
perdonadme
hacedme entender
hablad padre mío
rechazad la rabia
rechazad la pereza
aylillay, aylillay
uh huayli...

163

Con los rostros vueltos hacia la gran montaña sobre cuya nieve nadie pudo clavar una cruz, cantaron largo rato. Era la última ceremonia de la pascua antigua con que celebraban la conclusión de la faena de la limpieza de los acueductos. El Auki Mayor había degollado un carnero y una llama junto al ojo del manantial, en las faldas del Arayá; había lanzado sobre el agua que hacía brotar del fondo de la tierra arena de colores, el corazón aún vivo del carnero y de la llama; luego, había hablado con el picaflor que vivía en una pequeña capilla hecha de piedras montaraces, muy cerca del manantial. El picaflor brillaba en la oscuridad de la capilla. El Auki Mayor le transmitió las quejas y los encargos de los comuneros y salió feliz, agachándose mucho en la puerta del pequeño templo. Después bajaron la montaña todos, entonando himnos en lugares señalados desde unos mil años antes. Fueron recibidos por comuneros a la entrada del estanque; comieron ceremonialmente todos, luego de haber adorado la cruz del Auki Mayor, y ahora iban a bajar al pueblo, a los barrios o ayllus de la capital del distrito.

El sol del crepúsculo comulga con el hombre, no sólo embellece al mundo. Mientras el Auki cantaba, la luz se extendía, bajaba de las cumbres sin quemar los ojos. Se podía hablar con el resplandor o, mejor, resplandor vibraba en cada cuerpo de la piedra, del grillo que empezaba ya a inquietarse para cantar y en el ánimo de la gente.

Cuando el coro repitió la última estrofa, los jóvenes solteros que escucharon el himno, de pie, junto a un muro que se perdía de vista en la quebrada y en las cumbres, se agarraron de la mano y formaron una cadena. Las mujeres atrás, los hombres adelante. Todos estaban vestidos con sus trajes de fiesta. Al callarse el coro el campo quedó en silencio. Y las muchachas empezaron a cantar el ritmo difícil, decían los forasteros que «endiablado», del ayla. Y la cadena se puso en marcha, cuesta abajo. Los hombres danzaban. Los Aukis y los mayores cabildos, padres de familia, habían bebido durante dos días. Tenían los ojos densos, pero

en ellos el ayla se retrataba. El Auki contempló la fila
de los solteros que descendía hacia el pueblo, como si él
fuera la montaña. Estaba tranquilo, sin rabia, sin movimiento, alcanzando con sus ojos pesados en que la luz
se concentraba, todos los confines de las pertenencias
de la comunidad: montes, quebradas, abismos, cumbres, bosques de espino, campos de paja, tierras de
colores. Los alfalfares eran de los señores hacendados.

Santiago siguió a la cadena que danzaba el ayla. Estaba fuera de ella, pero en su interior repetía la música y
el ritmo de los pasos. La luz siempre le había acompañado a entender.

Mestizos y señores vieron pasar por las calles, mientras anochecía, la fila del ayla, y hablaron entre ellos:

—Van a hacer sus asquerosidades en el cerro estos
indios.

—La bacanal de cada año.

—Y el cura nada dice.

—Es hijo de indio desconocido. Lo recogió el
Obispo.

—El cura también aprovecha después.

—Pero en el campo, como animal, es distinto. El
cura no entra en eso.

—Ya no es indio indio.

—En el campo, como animales, así como chanchos.

—¡Qué saben de amor, ésos!

—Todo en tropa, y eso que muchos de ellos ya saben
leer...

—No, ésos ya no van, dicen. Se avergüenzan de esta
cochinada.

—Algunos, algunos, van.

La gran cadena del ayla se dividió en cuatro, por
barrios, y tomaron direcciones diferentes. Santiago se
encaminó hacia la plaza de Carmenk'a, que era el barrio
más grande y próspero. No siguió a los bailarines.
Llegó a la plaza antes que el ayla.

* * *

Los casados bailaron en círculo junto a cuatro arpas.

Los solteros, siempre en cadena, dieron varias vueltas a la plaza, en línea ondulante, como una serpiente muy larga. Los mecheros que alumbraban a los arpistas y a los vendedores de aguardiente y chicha alcanzaban a dar cierto aliento de luz a la plaza oscura. Santiago subió a la torre para observar. El ayla se movía como un solo cuerpo. Luego de la última vuelta formaron una especie de mandíbula en un extremo de la plaza; avanzaron, cantando todos, no sólo las mujeres, hacia el sitio en que tocaban las arpas y bailaban los casados. Santiago bajó de la torre.

Algunos grillos extraviados podían hacerse oír en la misma plaza, donde apenas crecía un pasto sucio y reseco. El coro de los jóvenes no apagaba el canto de los grillos. La cadena cerró como una barrera curva los cuatro círculos de casados y, luego, ondulando nuevamente, se dirigió hacia la esquina por donde se salía al camino que escalaba la montaña. Santiago siguió al ayla.

Salió la luna cuando el ayla cruzaba el riachuelo. A la orilla del agua, Santiago encontró a un mozo comunero que estaba apoyado sobre una gran piedra cuya sombra caía sobre la corriente.

—¿Tú no vas? —le preguntó en quechua al mozo.

—Tú, Santiago, huérfano, bueno. Yo no voy, mi pareja está de trabajadora en la costa. No ha podido llegar. Estoy esperando. Quizá llegue todavía, ahora mismo.

—Dicen que en el ayla hacen cochinadas, cosas feas con las mujeres. ¿Cierto?

El mozo se echó a reír.

—Dicen. ¿Quién? Los señores vecinos, pues. Ellos no entran al ayla. No han visto. Por mando del corazón y por mando del gran padre Arayá jugamos; sembramos de noche. Bonito. A ti te conocemos. Te ha pateado, dicen, don Guadalupe, cuando eras criatura.

—No me ha pateado. Me ha llevado... a la candela del cementerio.

—La candela del cementerio del pueblo de don Guadalupe quema feo, por siempre. Así dicen. Tú no puedes ver al ayla.

—¿Adónde van a ir?

—A la falda del cerro, cerca. Allí vamos a jugar. Yo quizá no voy a ir. No ha llegado mi pareja. De la costa a veces nunca regresa la gente. No ha llegado todavía. No voy a sembrar, ella no va sembrar...

Santiago iba a decir «candela del cementerio», al oír la voz del mozo.

—¡Al año entrante sembraré; haré cimiento! Mejor será, quizá, si no viene —siguió hablando el mozo—. Algunos vienen de la costa, donde hay fábricas, más de Lima, donde crecen, dicen, gusanos feos en el tuétano y en el corazón también; ésos dicen que el padre Arayá no es padre de nadie, que es tierra muerta. Los que han estado en la escuela también dicen eso. Pero bailan como los otros; algunos, no más, desprecian... Se quedan en su casa como gallo forastero. Así es. Ellos dicen que ayla es juego de animal. ¡Espera, Santiaguito! ¡Espera!

El comunero no le dijo niño Santiago, le habló como a igual. Y se quedó mirando inmóvil el camino de la cuesta. La luna alumbraba como si el mundo, de veras, se hubiera vuelto algo transparente. El corro de los mozos iluminaba más que la propia luz de la luna y de las estrellas.

—Ahí está Felisa, mi pareja. Ha venido desde la costa. Se habrá bajado del camión en el cerro. Aquí esperamos los que tenemos que esperar.

Llegó cansada.

—¡Santiago! —dijo la moza. Luego siguió hablando en castellano, dirigiéndose al comunero:

—Santiago no es señorito, no es mestizo. Su corazón estará callado, su boca también estará callada. El padre Arayá sirve para jugar. No es padre. Es tierrita grande. ¡Chao, adiós, Santiaguito...!

Lanzó un agudo grito, la primera nota de un canto de ayla. Tomó de la mano al mozo, lo arrastró y dejaron a Santiago a la orilla del pequeño río. Escalaron la cuesta danzando a la carrera. La luna los marcaba sóbre la montaña y en el pecho del jovenzuelo.

* * *

Santiago se decidió a subir el cerro; se apartó del
agreste camino de a pie y empezó a subir la montaña
casi en línea recta. Se metía entre los arbustos; arañando
el cascajo salvaba los pequeños barrancos.

Llegó a un andén limpio de yerbas y pedregales. Estaban danzando allí los mozos. Santiago se quedó
quieto, oculto detrás de un delgado cerco de piedras.
Un ramoso árbol de espino crecía junto al muro, al lado
del andén. Sus escasas flores rojas se destacaban en la
luz. «Estoy agitado, intranquilo, pues; no estoy cansado, flor de ankukichka», le habló al árbol.

Las muchachas del ayla empezaron a chillar en ese
instante y se dispersaron moviendo los brazos. Dos venían hacia el espino; parecía que volaban bajo. Luego,
los hombres gritaron con voz gruesa, como la de un
gavilán que toma altura precipitadamente. Y se echaron
a correr en línea ondulante. Dos mozos persiguieron,
cerca del espino, a las muchachas. Ellas reían y chillaban, ellos bufaban, silbaban. Finalmente, los hombres
lanzaron una especie de zumbido por la boca y las muchachas se quedaron quietas, una a poca distancia de la
otra. Cuando los hombres cayeron sobre ellas, se
echaron a reír fuerte y a insultar: «Gavilán torcido,
gavilán vencido, gavilán tuerto, gavilán ciego, gavilán
sin pecho...». Los hombres también gritaban: «Paloma
tuerta, paloma sin ojos, paloma sin nada, yo... yo te
voy a hacer empollar, en nombre del Padre, de la Madre...». Y Santiago vio que el mozo que estaba cerca de
él le alzaba el traje a la muchacha, mientras ella hacía
como que se defendía, luego se quedó quieta, completamente inmóvil, mientras el joven se revolvía sobre
ella. Hasta el sitio ese, donde estaba oculto Santiago,
llegaban silbidos, gritos, vocería, no como de gente,
sino como de aves que pretendieran hablar como gente.
Santiago observó a la pareja que estaba cerca de él, pero

los gritos no le permitieron sentir frío ni olor alguno.
De repente la pareja se puso de pie; empezaron a bailar
gritando. Dieron vueltas un instante, solos, luego se
juntaron con la otra pareja. Y los cuatro avanzaron
danzando el ayla al centro del andén. De todas las direcciones aparecieron otros grupos y formaron nuevamente la gran cadena. Pasaron junto al muchacho, todos. Nunca sintió así la luz de la luna, la iluminación
del mundo, como un río en que los patos aletearan
echando candela por las alas y el pico. Saltó de su es-
condite, gritando:

—¡Soy Santiago, Santiaguito!

—¡Animal raro, desconocido, alegre! —exclamó en
quechua el mozo que guiaba el ayla—. ¡Chau, adiós!
—pronunció en castellano las últimas palabras. Y reini-
ció la danza.

—Pendejo carajo —dijo, muy claramente, otro de los
jóvenes que iba encabezando la fila.

Dejaron solo al muchacho, como una piedra caída del
cielo. Las jóvenes empezaron a cantar y la cadena se
dirigió a otro campo. El muchacho oyó un vocerío
como de pumas y ovejas que hablaban, lejos, mez-
clando el tono, enredándolo, haciendo mover el suelo.
Sintió calor en esa gran altura, a solas. «Me estoy helando con ese hablar que me llega», dijo, confundién-
dose.

*   *   *

—No te mataron —le dijo el cura en el confesiona-
rio—. No te despedazaron porque creyeron que eras un
animal del maldito cerro Arayá...

—¡Eso sí que no, padre! Me reconocieron. Yo...
pues, animal desconocido, alegre, seguro. ¡Chao, adiós,
señor...!

Ya en la plaza donde el sol quemaba a las débiles
flores, no supo qué dirección tomar.

«Se me ha ido el mal olor, creo, peso menos, creo...»
Pero como una cascada, el llanto de doña Gudelia y

el de la chuchumeca, en el horno viejo, empezaron a sonar bajo su pecho. Los vellos de la borracha se encendían.

«Padre Arayá, en nombre del Hijo, del Espíritu Santo... Me voy a la costa... Que me coman el corazón los gusanos o yo me los comeré a ellos...»

Se despidió de la montaña en la plaza.

Por la noche, cuando cruzaba la calle principal del pueblo para ir donde Don Antonio, el camionero que lo llevaría a la costa, vio que dos jóvenes señores cantaban a dúo al pie de un balcón.

> *Si duermo, contigo sueño,*
> *si despierto, pienso en ti.*
>
> *Fina estrella del cielo inclemente,*
> *paloma que cruza por el cielo inerte,*
> *si duermo, contigo sueño...*

Santiago siguió andando y escuchando. Cuando el camión pasó por esa misma calle, otra voz cantaba en tono alto. El chófer tuvo que frenar y pasar muy despacio por la estrecha vía.

> *Traigo del cementerio una flor*
> *victoriosa de la muerte,*
> *te traigo una flor ardiente,*
> *todo el hielo y la negrura es sólo mía...*

—¡Los sapos! —dijo el camionero—. Esos pendejos cantan letra antigua para engañar. ¡Pior que el ayla!

—No es cierto, Don Antonio. Todo es verdad.

—La muchacha debe estar riéndose de esas mariconadas: «Traigo una flor del cementerio...» Ahora en ese cementerio no hay sino excremento de lechuza.

El motor apagó todos los ruidos extremos. Era un camión inmenso en que don Antonio, el chófer, cargaba doce novillos.

—Pa que se los coman en Ica. Ciudad grande... «cevilizada»; como es debido en la época que dicen vivimos.

* * *

Cuando apareció la delgada mancha del gran valle de Nazca a dos mil metros más abajo de la cumbre de Toro Muerto, entre arena candente y sin límites, Santiago vio la costa.

—El Arayá no come novillos; él los cría. Come serpientes y viento, oiga, Don Antonio —dijo.

—Sí, pues, cría novillos pa'que los coman los que viven en ese valle; viento pa'que hayga lluvia y serpientes pa'asustar a los indios que nu'han bajado allá, a ese valle donde lo que hay que hacer lo hace casi todito la máquina.

—¿Usted no se asusta con la serpiente de agua que vive en las lagunas de altura? Amaru le llaman. Usted sabe.

—Quizá, si se me presenta; pero dicen que a los chóferes esos animales les tienen asco o miedo.

—¿No será este valle de Nazca una serpiente Amaru que ha vomitado el Arayá?

—Es decir... Así es —contestó el chófer—. Sin el agua que hace el viento ese de la montaña Arayá, este valle no habría. De Cerro Blanco al mar no habría sino lo más muerto del desierto, qui'así le llaman a esa arena donde todo corazón, dicen, se seca. Nu'hay animales allí. Pero en el valle el agua hace reventar la semilla como balazo. Así es.

Yo soy chófer por vida,
el Chiaralla es mi valle,
mi «Comanche» es por vida...

* * *

Empezó a cantar un huayno mientras el camión, que llevaba sobre la caseta el nombre de «Comanche» en letras negras, entraba a la bajada más polvorienta y calurosa de la ruta. Los novillos empezaron a acezar y a ser golpeados contra las barandas del camión. Estos desiertos montañosos de la cabezada de la costa del Perú son más crueles para cualquier animal que llevan a matar que las candentes llanuras de arena.

Encajonado por los abismos secos, respirando polvo, Santiago le hizo una pregunta al chófer cuando terminó de cantar:

—En estos valles, también, donde tan difícil se llega y es diferente todo lo que se ve, ¿la mujer, también...?

—La mujer, en donde quiera, está hecha para que el hombre goce, pues —le contestó Don Antonio, con tono convencido.

—Y ella sufre, llora.

—Así es. Con su voluntad, sin su voluntad, por el mandato de Dios, la mujer es para el goce del macho. En cambio el hombre tiene que alimentar a la familia, a los hijos que ha hecho parir a la mujer. Y eso, también, parir también es sufrimiento fuerte. Así digo yo: ¡pobrecita la mujer! Yo creo, muchacho, que la puta a veces goza más que la mujer d'iuno. Y todavía recibe su plata. En Nazca, en Ica hay putas cariñositas. La mujer d'iuno ¿cuándo va a acariñar al marido? Eso se ve mal, hijo. La esposa tiene que echarse quietecita y tú también, con respeto...

—¿Con respeto...?

—Claro. Si uno nu'está borracho, lo más un abrazo. Porque estando borracho no hay, pues, control. Se agarra a la mujer con fuerza. Y ella, quietecita, llora, rabia...

—Reza.

—Eso no. ¿Quién mujer va a rezar teniendo un hombre encima?

—Yo he oído, Don Antonio, cuando era chico.

—Tendría culpa la mujer, hijo. Porque, como sea, la esposa tiene que aguantar.

Se quedó pensativo. La montaña de arena, por un costado del camino y las rocas feas, no lúcidas sino cubiertas de polvo, del otro lado de la quebrada, ardían sordamente, como bebiendo el sol para lanzarlo después sobre el cuerpo de los animales y de la gente, en forma de sed, de quemazón por dentro, no como el sol de la altura.

—Mira, muchacho... Yo me acuerdo... Por las queridas uno hace cualquier hazaña, sea dicha. Pasar de noche un río caudaloso; sí, pues, a caballo, nadando como demonio sobre la corriente que tiene crestas; escalar paredes grandes, bien difíciles. Y la querida está entre la puta y la esposa bendecida... Y uno también estás entre el infierno y el cielo, gozando. Uno, pues, puede hacer esas cosas que dicen que están contra la Iglesia. Porque ella, la querida, no es casada o tú no eres casado; porque si los dos son casados, ya eso es el infierno purito. Digo... por las queridas uno hace hazañas lindas, por la santa esposa es obligación tranquilo. Sólo cuando hay borrachera. Yo... hijito, le pego a mi mujer cuando estoy borracho, duro le doy y después me echo sobre ella como cerdo mismo. Y ella llora y ¡Jesús me perdone! pero me abraza llorando y todo. ¡Las cosas que hay! En eso de ajuntarse con la mujer el hombre no es hijo de Dios, más hijo de Dios son los animalitos. Hay confusión cuando uno quiere meterse con una mujer...

—¿Y el enamoramiento, Don Antonio?

—Sí, pues, sólo cuando estás muchacho, como tú, o menos quizás. Pero desde el momento en que tú ves cómo es la cosa de la mujer, la ilusión se acaba.

—Sí, Don Antonio.

—Los ojos de la mujer, hasta sus manos, su pelo también, es obra de nuestro Dios, pero su cosa... ¡ahí está el asunto enredado! Porque el cura dice que es el pecado más mortal, según el caso. Y el hombre quiere ver la cosa de la mujer, quiere mucho y... en cuanto la ve, ansias como de purgatorio, quizás de infierno, te atacan. Te quitan la ilusión, hijo, y la sangre se te envenena de vicio. ¿Qué es vicio? Dicen. Vicio es gozar más de lo debido y como no es debido. Pero ahí está el goce grande, hijo, el goce que te quema el hueso ¡y uno se revuelca en lo más dulce como en ceniza del demonio! Así estamos en la sierra. En la costa dicen que es pior. Yo digo que no. Porque con una puta tú haces todo, todo. Pagas tu platita. Y la conciencia limpia. Pa'eso es la puta. ¡Sea Dios bendito!

—¿Por la plata? La mujer también don Antonio, ¿por la plata?

—La verdad, muchacho. Ahí es claro todo. Ni más ni menos que entrar a una fonda y pedir un hígado a la parrilla bien aderezado. La boca goza, está gozando fuerte tu lengua, tu cuerpo se alegra ¿y? pagas con billetes; el dueño de la fonda también goza con tu dinero. Es negocio limpio.

—La mujer que es puta me han dicho que es triste, como el condenado que anda en las nieves de las cordilleras, aullando.

—Te habrán dicho. Yo no sé más que eso, que ella dice palabritas como dulce en tu oreja. Y se cinturea ¡caray! bonito. Quizás, quién sabe, en la semilla de su corazón sea triste. Yo eso no puedo ver. ¿Quién puede ver? Algún corrompido que no paga, que abusa, algún culebra de ojos como veneno. De todo hay en la vida. Dicen que ven el alma. Será, pues. Yo voy de buen corazón, de ánimo limpio a los burdeles.

—Don Antonio: ¿y por qué tanto bendicen a la madre, al padre... al hijo? ¿Si usted dice...?

—Ahí, ahí está. Con la puta, con la querida, entras sólo por... el gusto de la maldita cosa que se te despierta y te hace cerrazón en el alma que decimos. Con la esposa bendita es por el hijo, aunque seas un borracho lleno de cacana del diablo. Ahí está la bendición del matrimonio. Una cosa es en la cama bendecida por el cura y por los padres de uno. Ahí con respeto, con delicadeza... Sí, el pior asco del hombre que es el sexo hace nacer al hijo... que uno quiere más que a los cielos y a las estrellas...

Detuvo el camión. Habían llegado al valle. La rama de un árbol se extendía sobre el camión. Y se oía un canto feliz, como si el fuego de las arenas y las rocas, de tanto haberse arrebatado, de haber quemado al viajero, se hubiera arrepentido y le diera al cansado animal y a la gente agua pura, voz de inocencia llameante, nueva, limpia de tristeza y de solemnidad, para el viajero que llega de las sierras tan bravas y con tanto nubarrón en el recuerdo...

—Es el chaucato, hijo. Ese pajarito es como el valle de la costa, pura alegría, pura calor de ánimo. Tú, no sé cómo, no sé por qué, me has hecho hablar. Las queridas no deben parir el hijo d'iuno que es casado. ¿Sabes? Este pajarito que canta, volando de árbol en árbol, mostrando la pluma blanca que tiene en el rabo como una banderita del Dios verdadero, ve a la víbora. Es enemigo de la víbora. Así también el alma y la cosa de la mujer; así también el hombre y su pene que dicen son contra. Por eso, entre el hombre y la mujer salen varios enriedos. Algunas queridas se encaprichan por tener hijo y ese hijo sale de sangre caliente, como la víbora. Así soy, yo... chófer. Mi padre es el viejo Aquiles...

—¿El patrón de la lavandera borracha que a mí me ha ensuciado de por vida?

—Así es. Te habrá desvirgado... Oigamos el cantito del chaucato. Primera vez... primera vez que se me sale decir. ¡Yo no soy López, yo soy hijo de la porquería que hierve cuando cuerpo de hombre y de mujer no bendecidos se machucan por fuerza del infierno! Echan baba, como cuando se montan chancho y chancha. Pero yo... así como soy tengo un hijo... Se llama Marianito. Es mismo como el canto del chaucato y él mata todas las víboras que andan por mi cuerpo... A ver..., ¡los novillos!

Uno de los toros estaba semicolgado de la alta baranda del camión. Tenía los ojos abiertos, blancos, atracados de polvo, y las moscas zumbaban ya, rodeando su cabeza.

—¡Maricón! ¡Hijo de burra...!

El chófer arrancó una rama del árbol y empezó a punzarle en los ojos al novillo muerto.

—¡Te matara, carajo!

Dio una vuelta al camión y trató de meter la rama bajo el rabo de la bestia.

Así, como dicen que ese viejo le hizo a mi madre...

Oyó una especie de quejido atrás. Encontró a Santiago que lo miraba. Alzó el palo y con el brazo en alto gritó a los ojos del muchacho.

—¿Inocente? Pareces. Todos estamos maldecidos, menos mi hijito. ¡Anda al río! Tray agua para los otros maricones. Tú me hiciste olvidar con tu conversación. Mi madre ha andado por caminos de sangre purita ¡por mí que tengo víbora que ella me sembró!

Y deshizo el palo en la baranda del camión, lo convirtió en pedazos de un solo golpe. Los otros novillos dormitaban.

—¡Vamos por agua, Santiaguito, vamos apurando!

Atravesaron un campo de algodón y un extenso arenal, llorando. El chófer de rostro erizado, de barba semicrecida, empezó a llorar primero, antes que el muchacho, pero sin detenerse.

—Con qué ansias tomas agua para morir mañana —le dijo el gran chófer a uno de los toros, mientras los chaucatos cantaban, incendiando la vida de música, de claridad.

—Esta noche te hey de llevar al burdel. Ya eres mi amigo, mi más amigo. ¡Tan muchacho, tan sufrido, tan pendejo! —dijo Don Antonio, mientras hundía el pie en el embrague del camión.

—Felizmente está el chaucato, señor; por él conocemos en nuestro llorar que hay la esperanza.

—Esperanza de abrazarse a una puta después que uno ha llorado como maricón, pior que el novillo muerto. Ahora cierra el pico.

* * *

Lo obligó a ir al burdel.

—Yo conozco la casa de la comadre de tu papá. Te llevo después. Si no quieres, no quieres. Pero me vas a ver bailar a mí el baile de los afrocubanos, con mujeres que están libres, como quien dice, que hacen lo que quieren, porque están en el reino del demonio, no pues de la Iglesia.

Santiago se quedó sentado en una silla bajo la luz roja de una lámpara.

Todas las mujeres se parecían en algo a la borracha, sólo a ella. Eran muy distintas de la chuchumeca de Santa Ana que lloró en el horno viejo, porque chuchumeca también quiere decir puta. Toda la pieza olía a ruda: pero por debajo de la ruda otro olor sentía el muchacho, como a sudor e incienso. Don Antonio bailaba con una mujer alta; él la besaba en el cuello, parecía que la mordía como culebra, y la mujer reía.

—¡Quítate de ahí, palomilla! —le dijo a Santiago un hombre gordo que llevaba del brazo a una negra.

—¡Bailemos mejor, gordito rico...!

La negra le tapó la boca al gordo. Otra mujer fue hacia el jovenzuelo. Era delgada, joven, olía a perfume fuerte.

—Anda, vete de aquí o acuéstate conmigo. No te cobro; por amor no se cobra.

Lo tomó de las manos y lo sacó de la pieza, lo llevó hacia un pasadizo angosto.

—Mira —le dijo—. Aquí, el que quiere lo hace con la puerta abierta.

El pasadizo olía a incienso y ruda mezclados. Santiago salió corriendo. Había visto un inmenso cuerpo de mujer, blanco, desnudo, con las piernas abiertas, tendido sobre una cama.

No pudo ir lejos. Se quedó sentado al final de la acera de cemento, donde la ciudad concluía. Metió la cabeza entre las rodillas y pudo recordar la alfalfa florecida de la hacienda, de esa finca escondida entre montañas de roca límpida donde gotea el agua, donde repercute la voz del río. Y el rostro de Hercilia, como espejo de oro en que está brillando la nieve del Arayá que purifica, que cría arañas transparentes.

El chófer lo encontró inmóvil, acurrucado. Sin decir una palabra, lo guió hasta la casa de la señora Rosa. Tarde de la noche tocaron la puerta con una piedra.

—Sí —dijo una voz de mujer—. Ha llegado un telegrama. Ya está el cuarto para el joven Santiago.

El chófer se persignó. «He estado con putas, Dios», dijo, y el joven oyó claramente la frase.

—Su mano está sucia, ¿no? —le preguntó.

—Otra cosa está sucia. Usted... Mejor, oiga. Santiaguito, métase pronto, no respondo...

Un pequeño árbol de naranjo exhalaba perfume en la humedad del estrechísimo patio de la casa.

Santiago se quitó el sombrero y saludó al gran chófer.

—Adiós, adiós, Don Antonio.

Don Antonio también se quitó el sombrero delante del muchacho.

Pongoq mosqoynin
(Qatqa runapa willakusqan)

El sueño del pongo (cuento quechua)

Huk runas pongo *turnunman* risqa, tayta *patronninpa hacinda* wasinman. Taksalla, *pubrilla*, manchay pisi sonqollas kasqa chay runacha; pachallanpas thantay thanta.

Hatun weraqocha *patrunqa* asisqaraqsi chay runacha napaykuqtin, *hacinda curridurpi.*

—¿Runachu kanki icha imataq? —tapusqaraq, *sirvicio* warmi qari qayllanpi.

Umpuykuspa, runachaqa imatapas kutichisqachu. Mancharisqa, ñawillanpas chiri, upallalla suyasqa.

—¡A ver! Mankallatapas maylliyta yachanchá, pichanallatapas chay mana imapas makinwan yachanchá hapiyta. ¡Apay kay qechata! —nispa nisqa *hacinda mandunman, patrunqa.*

Qonqoriykuspa, pongollaqa, weraqocha makinta muchaykusqa; hinaspa, kumuykachasqallaña, *mandunpa* qepanta risqa, *cusinaman.*

* * *

Werpuchanqa taksas, kallpanqa llutan runallapa hinas

182

El sueño del pongo

A la memoria de Don Santos Ccoyoccossi Ccataccamara, Comisario Escolar de la comunidad de Umutu, provincia de Quispicanchis, Cuzco. Don Santos vino a Lima seis veces; consiguió que lo recibieran los Ministros de Educación y dos Presidentes. Era monolingüe quechua. Cuando hizo su primer viaje a Lima tenía más de sesenta años de edad; llegaba a su pueblo cargando a la espalda parte del material escolar y las donaciones que conseguía. Murió hace dos años. Su majestuosa y tierna figura seguirá protegiendo desde la otra vida a su comunidad y acompañando a quienes tuvimos la suerte de ganar su afecto y recibir el ejemplo de su tenacidad y sabiduría.

Un hombrecito se encaminó a la casa-hacienda de su patrón. Como era siervo iba a cumplir el turno de pongo, de sirviente en la gran residencia. Era pequeño, de cuerpo miserable, de ánimo débil, todo lamentable; sus ropas, viejas.

El gran señor, patrón de la hacienda, no pudo contener la risa cuando el hombrecito lo saludó en el corredor de la residencia.

—¿Eres gente u otra cosa? —le preguntó delante de todos los hombres y mujeres que estaban de servicio.

Humillándose, el pongo no contestó. Atemorizado, con los ojos helados, se quedó de pie.

—¡A ver! —dijo el patrón—, por lo menos sabrá lavar ollas, siquiera podrá manejar la escoba, con esas manos que parece que no son nada. ¡Llévate esta inmundicia! —ordenó al mandón de la hacienda.

Arrodillándose, el pongo le besó las manos al patrón y, todo agachado, siguió al mandón hasta la cocina.

* * *

El hombrecito tenía el cuerpo pequeño, sus fuerzas

kasqa. Lliu ima kamachisqankunatapas pongochallaqa allinta ruwasqa. As mancharisqapa hinallas uyanqa; chay raykus wakin *hacinda* runakuna asivpachanku runachata qawaspa, wakinñataq khuyapayaykusqaku. «Wakchakunaq wakchanmi; killa wayrapa churinchá ñawillan; *tristesa* sonqo», ninsi *mistisa consineraqa*.

Manas runachaqa rimanpaschu. Upallallas llankan, mikun, ima kamachinatapas ruwan. «Ari, mamay; arí, taytay», ninllas.

Mancharisqa uyan raykuchiki, thanta pachan, mana rimasqan raykuchiki, *patrón* cheqnirakapurqa chay punguchanta. *Ave maría* tutayay *hurapi,* llapa *hacinda* runa hatun *curridurpi, patronpa* qayllayninpi huñunakuqtinsi, weraqocha runachata ñakarichiq, *sinpri;* penqayman tiksi hinata wikchuq. Umamanta hapispas qonqorichiq, hinaspas, chaypi, as aslla laqyaq.

—Alqochus hinan kanki ¡anyariy! —ninsi *patronqa*.
Manas pongoqa anyayta atinchu.

—Tawa chakipi sayay —ninsi *patron*.
Runachaqa puririnsi tawa chakipi.

—¡Chaschay! Alqo hina —kamachinsi *patronqa*.
Pongochaqa chaschan, pichi, alqocha hina.

Patronñataq asin, lliu *werpunwanraq*.

—Kutimuy —ninsi runachata, *curredurpa* usiayninkakama chayaruqtin.

Runacha kutimunsi, saykusqa. Wakin *indiomasinñataq Ave Mariata resasian,* tumpalla, uku wayralla, sonqonpi.

—Ninriykita sayarichiy, wiskacha hina. ¡Wiskachan kanki! ¡Tiyay, pituchakuy! —kamachinsi *patronqa*.

Runachas, wiskacha uriwa hina pituchakun. Manas ninrinta sayarichiyta atinchu. Hinaqtinsi, wakin *hacinda* runakuna asillakuntaq.

As haytallawan, *patronqa,* runachata tanqariykuspa *curredur ladrillupi* tikran.

—Dios Yayaykuta resaychis —nin, *hacinda* runakuna, weraqochaqa.

Pongochallaqa ñakayllaña sayarin, llutan, mana pipa *lugarninpi, indiomasinkuna resasiaqtin.* Chay, mana *resanchu.*

eran sin embargo como las de un hombre común. Todo cuanto le ordenaban hacer lo hacía bien. Pero había un poco de espanto en su rostro; algunos siervos se reían de verlo así, otros lo compadecían. «Huérfano de huérfanos; hijo del viento de la luna debe ser el frío de sus ojos, el corazón pura tristeza», había dicho la mestiza cocinera, viéndolo.

El hombrecito no hablaba con nadie; trabajaba callado; comía en silencio. Todo cuanto le ordenaban cumplía. «Sí, papacito; sí, mamacita», era cuanto solía decir.

Quizá a causa de tener una cierta expresión de espanto, y por su ropa tan haraposa y acaso, también, porque no quería hablar, el patrón sintió un especial desprecio por el hombrecito. Al anochecer, cuando los siervos se reunían para rezar el Ave María, en el corredor de la casa-hacienda, a esa hora, el patrón martirizaba siempre al pongo delante de toda la servidumbre; lo sacudía como a un trozo de pellejo.

Lo empujaba de la cabeza y lo obligaba a que se arrodillara, y así, cuando ya estaba hincado, le daba golpes suaves en la cara.

—Creo que eres perro. ¡Ladra! —le decía.

El hombrecito no podía ladrar.

—Ponte en cuatro patas —le ordenaba entonces.

El pongo obedecía, y daba unos pasos en cuatro pies.

—Trota de costado, como perro —seguía ordenándole el hacendado.

El hombrecito sabía correr imitando a los perros pequeños de la puna.

El patrón reía de muy buena gana; la risa le sacudía el cuerpo.

—¡Regresa! —le gritaba cuando el sirviente alcanzaba trotando el extremo del gran corredor.

El pongo volvía, corriendo de costadito. Llegaba fatigado.

Algunos de sus semejantes, siervos, rezaban mientras tanto, el Ave María, despacio rezaban, como viento interior en el corazón.

—¡Alza las orejas ahora, vizcacha! ¡Vizcacha

Tutayaypiña *hacinda* runakunaqa *rancheriaman* ripunku, hatun weraqochapa *licencianwan*. Pongochaqa sayasian.

* * *

Chaynas, sapa punchau, wakcha pongochanta qochpachiq, asichiq, llakichiq, runa penqachiq runaman tukurachipusqa.

Piru... huk punchao, *Ave María horapi,* lliu *hacinda* runakuna *curredurpi* kasiaqtinkuña, *patrón* llasaq ñawinwan pongochanta qawaykusiaqtinña, chay runacha rimarirusqa *laruta;* uyanqa mancharisqallasqá:

—Hatun weraqochay, *licenciayki, papay,* rimaykusqayki —ninsi.

Patronqa manas uyarisqantapas uyarinchu.

—¿Imá? ¿Qanchu rimarunki icha pitaq? —tapusqa.

—Rimaykunaypaq *licenciaykita, papay.* Qantan rimaykuyta munani —yapansi pongochaqa.

Hacinda runakunapas qawaykunkus, llipin, runachata. «Imaraq, haykaraq», nisiankus khuyayllaña, wakinku.

—Rimay, atispaqa —ninsi *patronqa.*

—Taytay, weraqochay, sonqollay: chisin qanwan mosqorqokusqani —riman, pongochaqa.

—¿Imá? ¿Noqawán? ¿Imata? —tapun, *patron,* mana imata *pinsayta* atispa.

—Taytay, weraqochay: mosqoyniypin wañurusqanchis kuska, kuskapuni —willayta kachaykun runacha.

—¿Noqawan? ¿Qan? ¡Lliuta willay, *indio!* —ninsi hatun *patronqa.*

—Arí, *papay,* weraqochay. Kuska wañurusqanchis chaysi, kuska hatun Taytanchis San Pranciscopa qayllanman chayasqanchis.

—¿Imá? ¿Ima ninkin? —tapullantaqsi *patronqa.*

—Runa wañusqaña kaspa, riki, weraqochay, kuska rikurisqanchis hatun Taytanchis San Pranciscopa qayllanpi; kuska, qala qala.

—¿Chayrí? ¡Rimay! —kamachinsi, as piña, as yachay munaq hina, weraqochaqa.

eres! —mandaba el señor al cansado hombrecito—.
Siéntate en dos patas; empalma las manos.

Como si en el vientre de su madre hubiera sufrido la
influencia modelante de alguna vizcacha, el pongo imi-
taba exactamente la figura de uno de estos animalitos,
cuando permanecen quietos, como orando sobre las rocas. Pero no podía alzar las orejas.

Golpeándolo con la bota, sin patearlo fuerte, el patrón derribaba al hombrecito sobre el piso de ladrillo
del corredor.

—Recemos el Padrenuestro —decía luego el patrón a
sus indios, que esperaban en fila.

El pongo se levantaba a pocos, y no podía rezar porque no estaba en el lugar que le correspondía ni ese
lugar correspondía a nadie.

En el oscurecer los siervos bajaban del corredor al
patio y se dirigían al caserío de la hacienda.

—¡Vete, pancita! —solía ordenar, después, el patrón
al pongo.

* * *

Y así, todos los días, el patrón hacía revolcarse a su
nuevo pongo, delante de la servidumbre. Lo obligaba a
reírse, a fingir llanto. Lo entregó a la mofa de sus iguales, los colonos [1].

Pero... una tarde, a la hora del Ave María, cuando el
corredor estaba colmado de toda la gente de la hacienda, cuando el patrón empezó a mirar al pongo con
sus densos ojos, ése, ese hombrecito, habló muy claramente. Su rostro seguía como un poco espantado.

—Gran señor, dame tu licencia; padrecito mío,
quiero hablarte —dijo.

El patrón no oyó lo que oía.

—¿Qué? ¿Tú eres quien ha hablado u otro? —preguntó.

—Tu licencia, padrecito, para hablarte. Es a ti a
quien quiero hablarte —repitió el pongo.

1 Indio que pertenece a la hacienda.

—Wañusqata, qalata, kuska kuskata qawawaspanchis, hatun Taytanchis *San Prancisco*, maykamaraq chayaq, chaninyaq ñawinwan qawapayaykuwasqanchis; qantaraq, noqataraq. Sonqonchista, ima kasqanchista llasaykachaspa hina. Qhapaq weraqocha kaqniykiwan, hatun Taytanchispa ñawinta takiachinki, *papay*.

—¿Qanrí?

—Imaynachá karqani, *papay*, noqallayqa. Manan chaniynita yachaymanchu.

—*Bueno*. Willakullay —ninsi *patronqa*.

—Chay hina, hatun Taytanchis nin, siminwan, kamachin: «Llapan *angelkunamanta* astawan suma sumaqnin hamuchun; chay llumpay *angelta*, huk, taksa, suma sumaq *angelcha* qepanta hamuchun, qori *copapi* chuyay chuyay *chancaca mielta* apamuspa...

—¿Chayrí? —ninsi *patronqa*.

Hacinda runakunañataq uyarisianku manchayllataña.

—*Papay* taytanchis *San Prancisco* kamachiykuqtin, hatun, kanchariq, inti hina, hatun *angel* as asllamanta asuykamun, taytanchis *San Prancisco* qayllanman; qepantañataq hamusian tika wayta llanpu llipipiq hina taksa *angelcha*, *copata* maqinpi apamuspa.

—¿Chayrí? —tapunsi *patronqa*.

—«Qollanan *angel:* kay *hacinda* weraqochapa *werpunta* chay qori *copapi* miskiwan llunquykuy, chakinmanta umankama; makiki llanpu phuru hina kachun», nispa hatun Taytanchis qollanan *angelta* kamachin. Hinaspa, tika makinwan, qollanan *angel*, werpuchaykita chuyay miskiwan, umaykimanta chaki silluykikama llunquykun. Chayna, sapallayki hina sayapayariruqtiki, *cielo* kanchariypi *werpuykipas* kanchariykun, qanpas qori qispimanta kawaspaq hina.

—Chaynayá, chaynapuniyá kanan karqa —rimaykunsi *patronqa*; hinaspañataq runatacha tapuykun:

—¿Qantarí?

—Chay *cielo* hina kancharisiaqtiyki, hatun Taytanchis *San Prancisco* kamachin: «Llipin *angelkunamanta* astawan llutannin hamuchcan. Chay llutan *angel gasolina tarrupi* runa akata apamuchun», nin.

—¿Chayrí? —tapunsi *patronqa*.

—Habla... si puedes —contestó el hacendado.

—Padre mío, señor mío, corazón mío —empezó a hablar el hombrecito—. Soñé anoche que habíamos muerto los dos juntos; juntos habíamos muerto.

—¿Conmigo? ¿Tú? Cuenta todo, indio —le dijo el gran patrón.

—Como éramos hombres muertos, señor mío, aparecimos desnudos, los dos juntos; desnudos ante nuestro gran Padre San Francisco.

—¿Y después? ¡Habla! —ordenó el patrón, entre enojado e inquieto por la curiosidad.

—Viéndonos muertos, desnudos, juntos, nuestro gran Padre San Francisco nos examinó con sus ojos que alcanzan y miden no sabemos hasta qué distancia. Y a ti y a mí nos examinaba, pesando, creo, el corazón de cada uno y lo que éramos y lo que somos. Como hombre rico y grande, tú enfrentabas esos ojos, padre mío.

—¿Y tú?

—No puedo saber cómo estuve, gran señor. Yo no puedo saber lo que valgo.

—Bueno. Sigue contando.

—Entonces, después, nuestro Padre dijo con su boca: «De todos los ángeles, el más hermoso que venga. A ese incomparable que lo acompañe otro ángel pequeño, que sea también el más hermoso. Que el ángel pequeño traiga una copa de oro, y la copa de oro llena de miel de chancaca más transparente».

—¿Y entonces? —preguntó el patrón.

Los indios siervos oían, oían al pongo con atención, sin cuenta pero temerosos.

—Dueño mío: apenas nuestro gran Padre San Francisco dio la orden, apareció un ángel, brillando, alto como el sol; vino hasta llegar delante de nuestro Padre, caminando despacio. Detrás del ángel mayor marchaba otro pequeño, bello, de luz suave como el resplandor de las flores. Traía en las manos una copa de oro.

—¿Y entonces? —repitió el patrón.

—«Angel mayor: cubre a este caballero con la miel que está en la copa de oro; que tus manos sean como plumas cuando pasen sobre el cuerpo del hombre», di-

—Mana *valiq angel,* machu, kakas ataka, qala qala-
raq, raphranpas hicharisqa, ñakayllaña, hatun Taytanchispa qayllanman chayaramun, saykusqa. Iskay makinwan hatun llasaq *tarruta* tanlin tanlinllaña apamuspa. «Yau machucha - nin Taytanchis chay *pubrilla
angelta* - Kay runachapa lliu *werpunta* chay akawan
laqapayaruy *¡vivulla!* imaynallapas - kamachin. Hinaspa, qorpa makinwan, machu *angel,* umaymanmanta
chaki silluykama, *tarrumanta* orqoyqospa chay runa
akata laqaparuwan. Penqasqa, asnariq, qayllaykipi ri-
kuriruni, chaychika *cielo* kanchariyninpi.

—Chaynapuniyá kanan karqa - ninsi *hacinda patrunqa* - ¡Willay! Chayllapichu ussian - ninraq.

—Manan weraqochay, *papituy.* Hatun Taytanchis
San Prancisco, sapanchis, kuska, qayllanpi, rikuriruq-
tinchis, hukmanta, mosoqmanta qawaykuwanchis,
qantaraq noqataraq, unaycha. *Cielo* hunta ñawinwan
maykamaray aypaykuwarqanchis, tuta punchauta hu-
ñuspa, yuyayta qonqayta oqarispa. Chaymantañataq
nin:

—«Ñan qankunawan *angelkunapa* ruwanan ruwas-
qaña. Kunan illaqwanakuychis! as asllamanta, unay.
Chayna kachun». Machu, kakas ataka *angel,* wayna-
yarun chay *horallapi;* llasap, kallpachasqa yana raphra-
yoq. Taytanchis *San Pranciscopa* kamachiyninta *cum-
plichinanpac.*

ciendo, ordenó nuestro gran Padre. Y así el ángel ex-
celso, levantando la miel con sus manos, enlució tu
cuerpecito, todo, desde la cabeza hasta las uñas de los
pies. Y te erguiste, solo; en el resplandor del cielo la luz
de tu cuerpo sobresalía, como si estuviera hecho de
oro, transparente.

—Así tenía que ser —dijo el patrón, y luego preguntó:

—¿Y a ti?

—Cuando tú brillabas en el cielo, nuestro gran Padre
San Francisco volvió a ordenar: «Que de todos los ángeles del cielo venga el de menos valer, el más ordina-
rio. Que ese ángel traiga en un tarro de gasolina excremento humano».

—¿Y entonces?

—Un ángel que ya no valía, viejo, de patas escamo-
sas, al que no le alcanzaban las fuerzas para mantener
las alas en su sitio, llegó ante nuestro gran Padre; llegó
bien cansado, con las alas chorreadas, trayendo en las
manos un tarro grande. «Oye, viejo —ordenó nuestro
gran Padre a ese pobre ángel—, embadurna el cuerpo
de este hombrecito con el excremento que hay en esa
lata que has traído; todo el cuerpo, de cualquier manera; cúbrelo como puedas. ¡Rápido!» Entonces, con
sus manos nudosas, el ángel viejo, sacando el excremento de la lata, me cubrió, desigual, el cuerpo, así
como se echa barro en la pared de una casa ordinaria,
sin cuidado. Y aparecí avergonzado, en la luz del cielo,
apestando...

—Así mismo tenía que ser —afirmó el patrón—.
¡Continúa! ¿O todo concluye allí?

—No, padrecito mío, señor mío. Cuando nuevamente, aunque ya de otro modo, nos vimos juntos, los
dos, ante nuestro gran Padre San Francisco, él volvió a
mirarnos, también nuevamente, ya a ti ya a mí, largo
rato. Con sus ojos que colmaban el cielo, no sé hasta
qué honduras nos alcanzó, juntando la noche con el
día, el olvido con la memoria. Y luego dijo: «Todo
cuanto los ángeles debían hacer con ustedes ya está hecho. Ahora ¡lámanse el uno al otro! Despacio, por mu-

cho tiempo». El viejo ángel rejuveneció a esa misma
hora; sus alas recuperaron su color negro, su gran
fuerza. Nuestro Padre le encomendó vigilar que su voluntad se cumpliera.

Indice

El Libro de Bolsillo   Alianza Editorial   Madrid

Libros en venta